造船材料与热处理

主　编　陈倩清
主　审　马瑶珠

HEUP 哈爾濱工程大學出版社

内容简介

本书共分7个项目，主要讲述：金属材料的性能、金属的晶体结构与结晶、铁碳合金相图、钢的热处理、船舶用钢铁材料及海洋工程用钢铁材料、船用非铁金属及其他材料、综合训练。

本书可作为技校、中等职业技术学校、高等职业技术学院的教材，也可供船舶与海洋工程及钢结构企业职工的培训使用。

图书在版编目(CIP)数据

造船材料与热处理/陈倩清主编. —哈尔滨：哈尔滨工程大学出版社，2015.1(2020.10 重印)
ISBN 978-7-5661-0959-0

Ⅰ.①造… Ⅱ.①陈… Ⅲ.①船用材料-热处理
Ⅳ.①U668②U671.6

中国版本图书馆 CIP 数据核字(2015)第 023903 号

出版发行	哈尔滨工程大学出版社
社　　址	哈尔滨市南岗区南通大街 145 号
邮政编码	150001
发行电话	0451-82519328
传　　真	0451-82519699
经　　销	新华书店
印　　刷	哈尔滨圣铂印刷有限公司
开　　本	787 mm×1 092 mm　1/16
印　　张	8.75
字　　数	225 千字
版　　次	2015 年 3 月第 1 版
印　　次	2020 年 10 月第 2 次印刷
定　　价	20.00 元

http://www.hrbeupress.com
E-mail:heupress@hrbeu.edu.cn

前　　言

本书根据国家最新标准，结合原有教材编写而成，共设计了7个项目，各项目设计了若干教学模块。本书具有以下特征：

1. 符合船舶工程技术专业人才培养目标和培养规格，充分满足国家职业技能鉴定规范的要求，融入船用钢板新技术、新工艺、新设备、新材料、新产品，遵循学生能力本位的原则，力求突出“理论够用、重在运用”和“简单明了、方便实用”的特色，强调适用性、针对性和先进性。

2. 注重校企合作、工学结合。通过校企合作、校校合作的形式，聘请企业、院校和中国船级社的专家联合编写。在教学内容上，注重理论实践一体，注重实践能力培养，将职业素质培养融入到课程内容。

本书由浙江国际海运职业技术学院陈倩清副教授主编，浙江国际海运职业技术学院马瑶珠副教授主审。其中，项目一、三、五由陈倩清副教授执笔，项目四、六由浙江国际海运职业技术学院李云讲师执笔，项目二、七由浙江国际海运职业技术学院庞君老师执笔；全书由陈倩清副教授负责策划、设计与统稿。在编写过程中得到浙江海运集团舟山五洲船舶修造有限公司赵汉星高级工程师和中国船级社舟山分社张栋工程师的大力支持与帮助，在此表示衷心的感谢！

本书适合于技校、中等职业技术学校、高等职业技术学院、船舶与海洋工程及钢结构企业职工培训使用。

编　者

2014年12月

目　　录

项目一　金属材料的性能

【项目简介】

本项目主要介绍衡量材料力学性能的强度、塑性、韧性、硬度以及疲劳强度指标的试验原理、表示方法、特点等内容；同时还介绍材料的物理性能、化学性能、工艺性能等内容。

【参考学时】

2 ~4 学时

【知识目标】

1. 深刻理解金属材料的性能及其含义。
2. 理解金属各力学性能指标含义、表示方法及其试验方法。

【能力目标】

能应用金属材料力学性能知识，进行金属基本工艺过程分析。

【单元链接】

单元一　金属材料的力学性能
单元二　金属材料的工艺性能
单元三　金属材料的物理性能和化学性能

单元一　金属材料的力学性能

在工业生产中所用的纯金属和合金材料统称为金属材料。通常我们把金属材料分为黑色金属和有色金属两大类：铁、锰、铬或以它们为主形成的合金称为黑色金属，如合金钢、铸铁和碳素钢等。除黑色金属以外的金属和合金称为有色金属，如铜、锡以及黄铜、铝合金和轴承合金等。金属是机械工业生产中应用最广泛的材料，在各种机械设备所用的材料中，金属材料占 90% 以上。这是由于金属材料不仅资源丰富，而且还具有优良的性能。

金属的性能包括使用性能和工艺性能。金属的使用性能是指在使用过程中所表现出来的特性，它包括力学性能、物理性能和化学性能；金属的工艺性能是在制造过程中金属的适应性。

1. 刚度

刚度是指金属材料在受力时抵抗弹性变形的能力。衡量材料刚度指标是弹性模量 E，其值的大小反映金属材料弹性变形的难易程度。E 越大，材料的刚度越大，表明在一定的外力作用下产生的弹性变形越小。一般机械零件大多在弹性状态下工作,要求零件具有一定的刚度。例如,柴油机的机座和机体直接或间接支承着曲轴、连杆、活塞等运动件和其他零件,因此要求机座和机体必须有足够的刚度以保证运动件之间正确的相对位置和各自的运动状态。

2. 强度

强度是指金属在静载荷作用下抵抗塑性变形和断裂的能力。

材料强度可以通过拉伸试验来测得,拉伸试验是在拉伸试验机(见图 1-1-1)上进行的,试验之前,先将被测金属材料制成图 1-1-2 所示的标准试样(参见 GB 6397—1986《金属拉伸试样》),图中 d_0 为试样原始直径,L_0 为试样原始标距长度,按照 GB 6397—1986《金属拉伸试样》规定,试样分为长试样和短试样,对圆形拉伸试样,长试样 $L_0=10d_0$,短试样 $L_0=5d_0$。

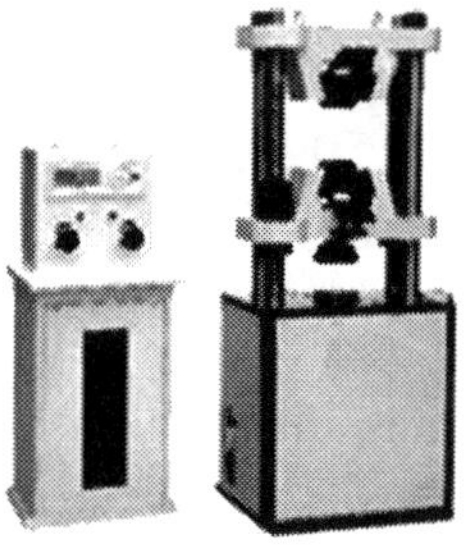

图 1-1-1　万能液压拉伸试验机

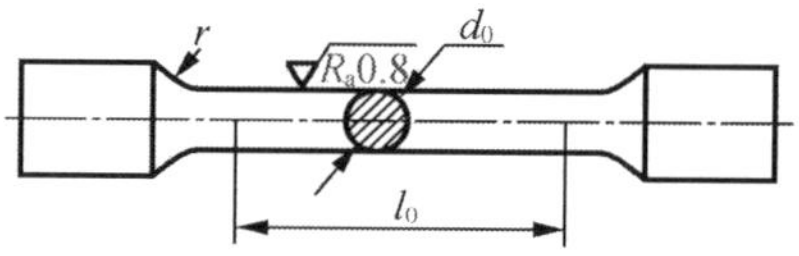

图 1-1-2　圆形标准试样

试验时,将试样装夹在试验机上,且在试样两端缓慢地施加轴向拉伸载荷,使试样承受轴向静拉力。随着载荷不断增加,"试样被逐步拉长"直到拉断。在拉伸过程中,试验机将自动记录每一瞬间的载荷 F 与伸长量 ΔL 的变化曲线,通常把这种曲线称为拉伸曲线。图 1-1-3为退火低碳钢的拉伸曲线。

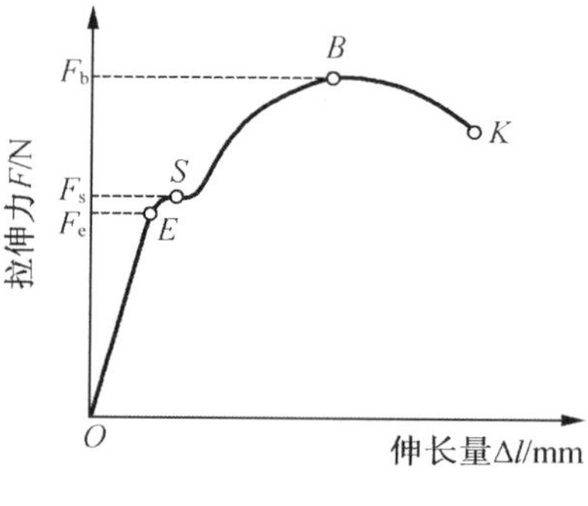

图 1-1-3　退火低碳钢的拉伸曲线

观察拉伸试验和拉伸曲线,会发现在拉伸试验的开始阶段,试样的伸长量 ΔL 与拉伸力 F 呈正比例关系,在拉伸曲线图中,图 1-1-3 退火低碳钢的拉伸曲线为斜线段 OE,在该阶段,当载荷增加时试样的伸长量 ΔL 呈正比增加,当载荷去除后,试样能完全恢复到原来的形状和尺寸,此时试样处于弹性变形阶段。图中 F_e 是试样保持弹性变形的最大载荷。当载荷超过 F_e 后,试样除产生弹性变形外,还将产生微量的塑性变形。当载荷继续增加到 F_s,拉伸曲线在 S 点后出现一个平台,即在载荷不增加的情况下,试样也会有明显伸长,这种现象称为"屈服",F_s 称为屈服载荷。当载荷超过屈服载荷后,试样抵抗变形的能力将会增加,此为冷变形强化现象。在拉伸曲线上表现为一段上升曲线,即随着塑性变形量的增大,试样变形抗力也逐渐增大。

当载荷达到 F_b，试样的局部截面开始收缩，产生“缩颈”现象。由于缩颈使试样的变形局限在缩颈部分，故此处承受的载荷迅速减小，直至试样被拉断。F_b 是试样被拉断前能承受的最大载荷，称为极限载荷。

从该曲线上可以看出，试样从开始拉伸到断裂要经过弹性变形阶段、屈服阶段、冷变形强化阶段、缩颈与断裂阶段。

(1)强度指标

金属材料的强度是用应力来表示的，即材料受载荷作用后内部产生一个与载荷相平衡的内力，单位面积上的内力称为应力。常用的强度指标有弹性极限、屈服点强度和抗拉强度。

(2)屈服极限强度

在 GB/T24182—2009《金属力学性能试验出版标准中的符号及定义》中屈服强度定义：当金属材料呈现屈服现象时，在试验期间达到塑性变形发生而力不增加的应力点。应区分上屈服强度(R_{eH})和下屈服强度(R_{eL})，上屈服强度是指材料发生屈服而力首次下降前的最大应力，下屈服强度是指在材料屈服期间，不计初始瞬时效应时的最小应力。其单位为 N/mm^2。对钢铁材料的屈服强度要求，国家标准明确要求按上屈服强度 R_{eH} 值执行。

屈服极限强度是工程技术上极为重要的力学性能指标之一，也是大多数机械零件选材和设计的依据。

工业上使用的一些金属材料，如高碳钢、铸铁等，在进行拉伸试验时没有明显的屈服现象，也不会产生缩颈现象，这就无法确定其屈服强度。GB 1063—1989 规定，试样去除拉伸载荷后，其标距部分的残余伸长量达到原始标距长度 0.2% 时的应力，为该材料的屈服强度，用符号 $R_{p0.2}$ 表示。例如：CCS《材料与焊接规范》—2009 对高强度淬火回火钢的注明有“当拉伸试验时屈服应力 R_{eH} 不明显时，则取非比例延伸强度 $R_{p0.2}$”。且 GB/T 10623—2008《金属材料力学性能试验术语》对规定非比例延伸强度 R_p 的注明：使用的符号应附以下脚注说明所规定的百分比，如 $R_{p0.2}$。

(3)抗拉强度

抗拉强度是指试样拉断前所能承受的最大拉应力，用符号 R_m 表示。抗拉强度是通过拉伸试验测得，是材料在拉伸力的作用下断裂过程中的最大试验力 F_m 和试样原始横截面积 A_o 之间的比值计算出来的，单位为 N/mm^2。可用下式计算

$$R_m = F_m/A_o$$

式中　F_m——试验期间试样所能抵抗的最大力；

A_o——试样原始横截面积，mm^2。

抗拉强度 R_m 是金属由均匀塑性变形向局部集中塑性变形过渡的临界值，也是金属在静拉伸条件下的最大承载能力。对于塑性金属来说，拉伸试样在承受最大拉应力之前，变形是均匀一致的，但超过 R_m 后，金属开始出现缩颈现象，即产生集中变形。

3. 塑性

塑性是指金属在静载荷作用下发生不可逆变形的能力。金属材料的塑性指标也是可以通过拉伸试验测得。材料的塑性指标可以用试样拉断时的最大相对变形量来表示，常用的有断后伸长率和断面收缩率，它们是工程上广泛使用的表征材料塑性好坏的主要力学性能指标。

(1)断后伸长率

断后伸长率是试样拉断后的标距增长量与原始标距的百分比，即断后标距的残余伸长(L_u-L_o)与原始标距(L_o)的百分比。用符号 A 表示，可用下式计算：

$$A=\frac{L_u-L_o}{L_o}\times 100\%$$

式中 L_u——拉断后试样的标距长度，mm；

L_o——试样原始标距，mm。

材料的伸长率是随标距的增加而减小的，所以同一材料的短试样要比长试样所测得的伸长率大20%左右，对局部集中变形特别明显的材料，甚至可大到50%。因此长、短两种试样求得的断后伸长率应分别为 A_{10} 和 A_5。

(2)断面收缩率

断面收缩率是指试样拉断后缩颈处横截面面积的缩减量与原始横截面面积的百分比，即断裂后试样横截面积的最大缩减量(S_u-S_o)与原始横截面积 S_o 的百分比，用符号 Z 表示，可用下式计算

$$Z=\frac{S_u-S_o}{S_o}\times 100\%$$

式中 S_o——试样原始横截面面积，mm^2；

S_u——试样断口处的横截面面积，mm^2。

虽然材料的塑性指标通常不直接用于工程设计计算，但材料的塑性对零件的加工和使用都具有重要的实际意义。塑性好的材料不仅能顺利地进行锻压、轧制等成形加工，而且在使用时万一超载，由于能发生一定的塑性变形而不至于突然断裂，提高了工作的安全性。所以大多数机械零件除要求具有较高的强度外，还必须具有一定的塑性。

4. 硬度

材料抵抗变形，特别是压痕或划痕形成的永久变形的能力称为硬度。硬度是衡量金属软硬程度的一种性能指标。材料的硬度可通过硬度试验测得，根据其测试方法的不同，硬度试验可分为静压法(如布氏硬度、洛氏硬度、维氏硬度等)、划痕法(如莫氏硬度)、回跳法(如肖氏硬度)及显微硬度、高温硬度等多种方法。对于金属材料的测量目前生产中应用较多的是布氏硬度、洛氏硬度和维氏硬度等试验方法。

(1)布氏硬度测试法

通常以一定的试验力 F，将直径为 D(一般为 10 mm)的淬火钢球或硬质合金球压入被测金属表面，如图 1－1－4 所示，并保持一定时间后卸去试验力，得到直径为 d 的压痕，试验力除以压痕表面积所得之值即为布氏硬度，用 HB 表示。

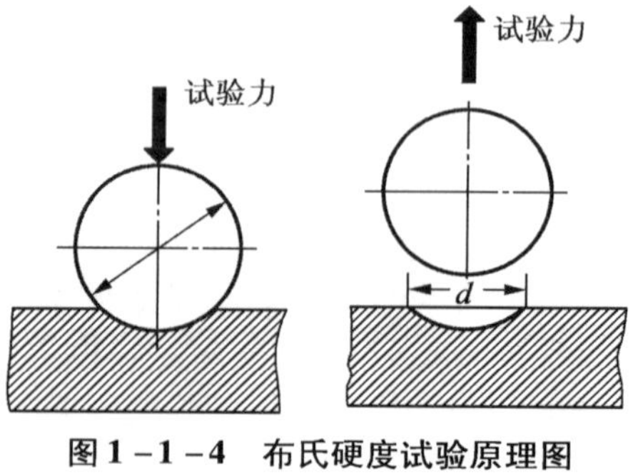

图 1－1－4 布氏硬度试验原理图

国标规定的布氏硬度符号，压头为淬火钢球时用 HBS 表示，如图 1－1－5 所示，适用于硬度较低（HB＜450）的材料；压头为硬质合金球时用 HBW 表示，如图 1－1－6 所示，适用于硬度较高（450≤HB≤650）的材料。HB 值越大，材料越硬。HBS 多用于测定普通碳钢、铸铁和有色金属等材料。布氏硬度测量精度较高，但因压痕较深且面积大，故不适宜测试太薄的试样和成品零件的硬度。公式为

$$\mathrm{HBS}(\mathrm{HBW}) = F/S = 0.102\frac{2F}{\pi D(D-\sqrt{D^2-d^2})}$$

式中　F——试验力，N；

D——压头直径，mm；

d——被测金属的压痕直径，mm。

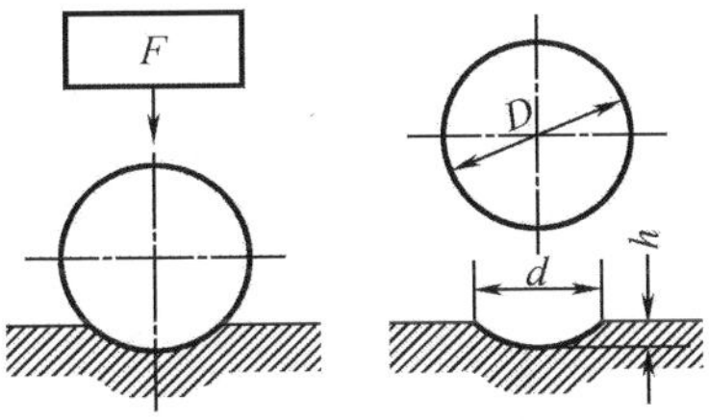

图 1－1－5　布氏硬度试验原理示意图

图 1－1－6　HB－3000 布氏硬度试验机

布氏硬度的特点是试验时金属表面压痕大，能客观地反映被测金属的平均硬度，试验结果较准确，数据重复性强。但由于其压痕大，不宜测量成品或薄片金属的硬度。

（2）洛氏硬度测试法

洛氏硬度试验法是用一个锥角为 120°的金刚石圆锥体或直径为 1.588 mm 的淬火钢球，在规定载荷作用下压入被测金属表面，由压头在金属表面所形成的压痕的深度来确定其硬度值。洛氏硬度是一种材料抵抗通过硬质合金或钢球压头，或对应某一标尺的金刚石圆锥体压头施加试验力所产生永久变形的度量单位，用 HR 表示。

根据所加试验力的大小和压头类型不同，洛氏硬度可分为 HRA，HRB，HRC 三种，它们的测量范围和应用范围也不同，见表 1－1－1。洛氏硬度中以 HRC 应用最广泛，HRC 与 HB 的数值关系（当 HBS＞220 时）约为 1:10。

表 1－1－1　常用洛氏硬度的试验条件和应用范围

符号	压头类型	总载荷/N	硬度值测量范围	应用范围
HRA	120°金刚石圆锥体	588.4	60～85	极硬材料，如硬质合金
HRB	ϕ1.588 mm 淬火钢球	980.7	25～100	较软材料，如退火钢、有色金属等
HRC	120°金刚石圆锥体	1471.0	20～67	较硬材料，如淬火钢、调质钢等

图 1－1－7 所示为金刚石圆锥压头的洛氏硬度试验原理，图中 0—0 为金刚石压头初始位置，1—1 为在初载荷 98.07 N 作用下，压头压入深度为 h_0 时的位置，加初载荷的目的是使

压头与试样表面紧密接触，避免由于试样表面不平整而影响试验结果的精确性;2—2 为在总载荷(初载荷 + 主载荷)作用下,压头压入深度为 h_1 时的位置;3—3 为卸除主载荷后由于被测金属弹性变形恢复,使压头略为提高的位置。这时由主载荷引起的塑性变形而产生的压痕深度为 e,称为残余压痕深度增量,以此来衡量被测金属的硬度。显然,e 值愈大时,被测金属的硬度愈低,反之则越高。为了照顾习惯上数值越大，硬度越高的概念,故采用一个常数 k 减去 e 来表示硬度的大小,并用 0.002 mm 的压痕深度为一个硬度单位,由此获得的硬度值称为洛氏硬度值,用符号 HR 表示。即

$$\mathrm{HR} = (k - e)/0.002$$

式中,k 为常数,用金刚石圆锥体作压头时,$k = 0.2$ mm,用钢球作压头时,$k = 0.26$ mm。

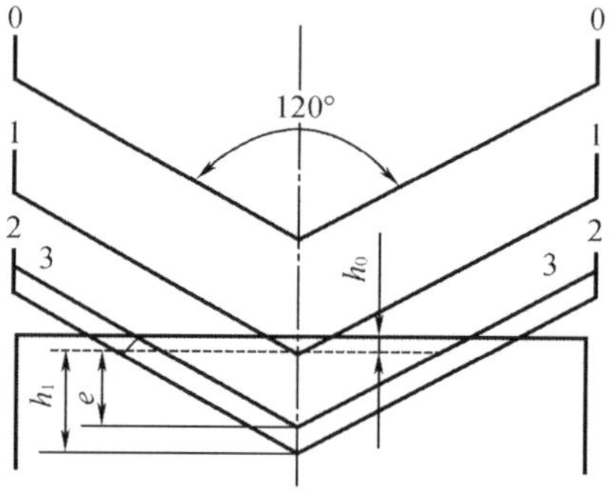

图 1-1-7　洛氏硬度试验原理图

洛氏硬度测试法测硬度简便、迅速、压痕小,可测定的材料范围广。但由于压痕小,对组织和硬度不均匀的材料,所测结果不够准确,因此需在试件上测定三点取其平均值。

(3)维氏硬度测试法

维氏硬度是材料抵抗金刚石正四棱锥体压头施加试验力所产生永久压痕的度量单位。布氏硬度试验不能测定硬度较高的金属材料;洛氏硬度试验虽可用来测定由极软到极硬金属材料的硬度,但不同标尺的硬度间没有简单的换算关系，使用上很不方便。为了能在同一种硬度标尺上,测定从极软到极硬金属材料的硬度值,因而特制定了维氏硬度试验法。

维氏硬度的试验原理与布氏硬度基本相似,如图 1-1-8所示为维氏硬度试验原理图,它是用一个相对面夹角为 136°的金刚石正四棱锥体作压头,以规定的载荷 F 作用下压入被测金属表面,保持一定时间后卸除载荷,则被测金属表面上压出一个正四棱锥形的压痕,测量压痕投影的两对角线的平均长度 d,进而计算出压痕的表面面积 A。最后求出压痕单位表面面积上承受的平均压力,以此作为被测金属的硬度值,称为维氏硬度,常用符号 HV 表示。

$$\mathrm{HV} \approx 0.1891 F/d^2$$

式中　F——试验力,N;

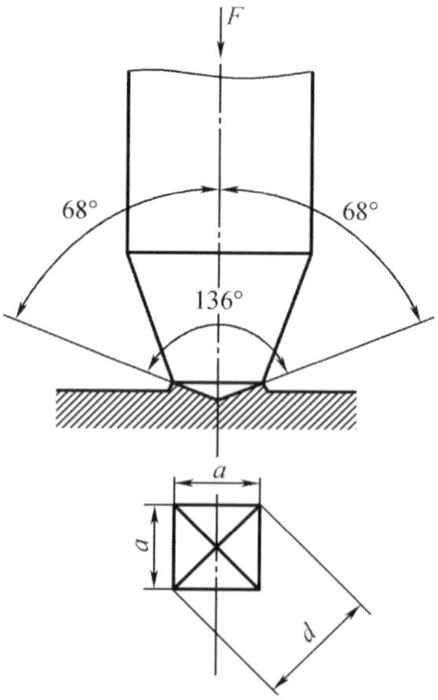

图 1-1-8　维氏硬度试验原理图

d——两压痕对角线长度的算术平均值，mm。

与布氏硬度一样，习惯上也只写出硬度数值而不标出单位。在硬度符号 HV 之前的数字为硬度值，HV 后面的数值依次表示载荷和载荷保持的时间（保持时间为 10～15 s 时不标注）。

维氏硬度适用范围宽，从极软到极硬的材料都可以测量。尤其适用于零件表面层硬度的测量。如化学热处理的渗层硬度测量，其结果精确可靠。但测取维氏硬度值时需要测量对角线长度，然后查表或计算，而且对试样表面的质量要求高，所以测量效率较低，没有洛氏硬度方便，不适用于成批生产的常规试验。

硬度试验所用的设备简单，操作迅速方便，它不需要做成专门的试样，可直接在半成品或成品上直接测定硬度，又不损坏被测工件，并且可根据硬度值估计出材料的近似强度和耐磨性。硬度在一定程度上反映了材料的综合力学性能，因此在生产中应用很广。在产品设计图样的技术条件中，硬度是一项主要技术指标。

5. 冲击韧性

冲击韧性是金属材料抵抗冲击载荷作用下抵抗破坏（断裂）的能力，用 α_k 表示。冲击韧性是在摆锤式冲击试验机上利用一次冲击试验来测定的，习惯称为夏比摆锤冲击试验。试验用的标准试样要求具有 U 形或 V 形缺口，现在广泛使用的是 V 形缺口。试样缺口背向摆锤冲击方向，摆锤刀刃半径有 2 mm，8 mm 两种。如图 1－1－9 所示，试样应在一次冲击下被冲断。冲击韧性值 α_k 是冲断试样时断口单位面积所消耗的功。按 GB/T 229—2007《金属材料 夏比摆锤冲击试验方法》规定：V 型冲击试验得出的是吸收能量 K，其表示方法是用字母 V 或 U 表示缺口几何形状，下标数字表示摆锤刀刃半径。例如 K_{V_2} 指的是：试样 V 形缺口、摆锤 2 mm 半径刀刃冲击试验时的吸收能量。

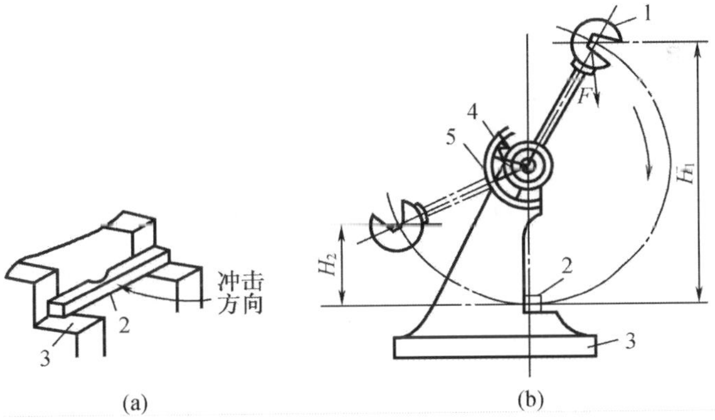

图 1－1－9　冲击试验示意图

1—摆锤；2—试样；3—机架；4—指针；5—刻度盘

K_{V_2} 越大，材料的韧性越好。冲击韧性值与材料所处温度有关，K_{V_2} 值随温度降低而减小，并在某一温度或温度范围时 K_{V_2} 显著降低，这种现象称为冷脆，使 K_{V_2} 值减小的温度称为脆性转变温度。脆性转变温度越低的金属，低温冲击韧性越好。因此，对于寒冷地区和低温下工作的钢件（如船体、桥梁）或零件材料的脆性转变温度和在最低温度下应具有的最低韧性值做出规定。

另外，应注意由于轧制钢材（板）的各向异性，钢板的纵、横方向的冲击值是有较大差异的，在钢材的有关标准中都有明确规定。

6. 疲劳强度

(1)疲劳现象

许多机械零件如柴油机的曲轴、连杆、齿轮、弹簧等都是在交变载荷下工作的。所谓交变载荷，是指载荷的大小、方向随时间发生周期性变化的载荷。零件在交变载荷下经过较长时间的工作而发生断裂的现象叫疲劳。例如各种气阀上的弹簧经常发生折断，往往就是由于工作时弹簧产生疲劳。承受交变应力或重复应力的零件，在工作过程中，往往在工作应力低于其屈服强度的情况下发生断裂，这种现象称为疲劳断裂。

疲劳断裂与在静载荷作用下的断裂不同，不管是脆性材料还是韧性材料，疲劳断裂都是突然发生的，事先均无明显的塑性变形的预兆，很难事先觉察，属低应力脆断，因此具有很大的危险性。据统计，80%以上损坏的机械零件都是因疲劳造成的，在机械零件断裂失效中有80%～90%属于疲劳断裂。因此，研究疲劳现象对于正确使用材料，进行合理设计具有重要意义。

研究表明，疲劳断裂一般是在零件应力集中部位或材料本身强度较低的部位产生，如原有微裂纹、软点、脱碳、夹杂或刀痕等处形成裂纹的核心。进而在交变应力或重复应力的反复作用下产生疲劳裂纹，随着应力循环周次的增加，疲劳裂纹不断扩展，使零件的有效承载面逐渐减小，最后当减小到不能承受外加载荷时，零件即发生突然断裂。零件的疲劳失效过程可分为疲劳裂纹的产生、疲劳裂纹的扩展和瞬时断裂三个阶段。疲劳断裂的宏观断口一般也有三个区域，即疲劳裂纹源、裂纹扩展区和呈纤维状(韧性材料)或结晶状(脆性材料)的瞬时断裂区。

(2)疲劳强度

大量试验证明，金属材料所受的最大交变应力σ_{max}愈大，则断裂前所经受的循环周次N愈少，如图1-1-10所示。这种交变应力σ_{max}与循环周次N的关系曲线称为疲劳曲线。从曲线上可以看出，循环应力值越低，断裂前的循环周次越多。当循环应力降低到某一值后，循环周次可以达到很大，甚至无限大，而试样仍不发生疲劳断裂，这种试样不发生断裂的最大循环应力，称为该金属的疲劳强度，光滑试样的对称循环旋转弯曲的疲劳强度用符号σ^{-1}表示。

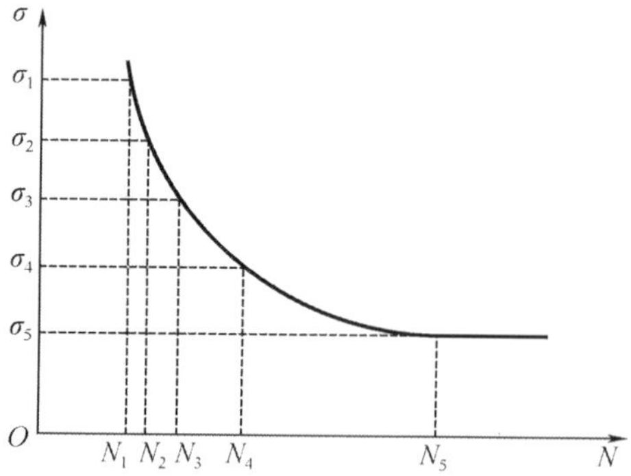

图1-1-10　疲劳曲线示意图

实际上，金属材料不可能做无数次交变载荷试验。按GB/T 4337—2008规定，一般钢铁材料取循环周次为10^7次时，能承受的最大循环应力为疲劳强度。对于有色金属，循环周

次为 10^8 次，腐蚀介质作用下的钢铁材料，循环周次为 10^8 次。

疲劳强度是工程上用来评价材料交变载荷能力的指标，它由疲劳试验测出。为提高零件的疲劳强度，可采取改善零件的结构形状，降低零件的表面粗糙度，提高表面加工质量和应用化学热处理、表面淬火、喷丸处理、表面滚压等各种表面强化处理的方法。

7. 高温下的机械性能指标

柴油机的排气阀、涡轮增压器的涡轮叶片、高压蒸汽锅炉等零件长期在高温条件下运转，对于制造这类零件的金属材料，若只考虑其室温下的机械性能显然是不够的。还要考虑材料高温时的力学性能。

金属在高温下的力学性能指标有：高温强度（又称热强度）和热硬性。

（1）高温强度

高温强度是应力、应变、温度和时间综合作用的反映，其指标为蠕变极限和持久强度。

①蠕变极限　蠕变极限是金属材料长期在高温和载荷的作用下抵抗塑性变形的能力。

②持久强度　持久强度是金属材料长期在高温和载荷作用下抵抗断裂的能力。

（2）热硬性

热硬性是金属材料在高温下保持较高硬度的能力。热硬性是高温下工作的机器零件和高速切削刀具的主要机械性能指标。

单元二　金属材料的工艺性能

工艺性能是指金属材料对不同加工工艺方法的适应能力，它包括铸造性能，压力加工性能、焊接性能、切削加工性能和热处理工艺性能等。金属材料的一般加工过程如图1－2－1所示。

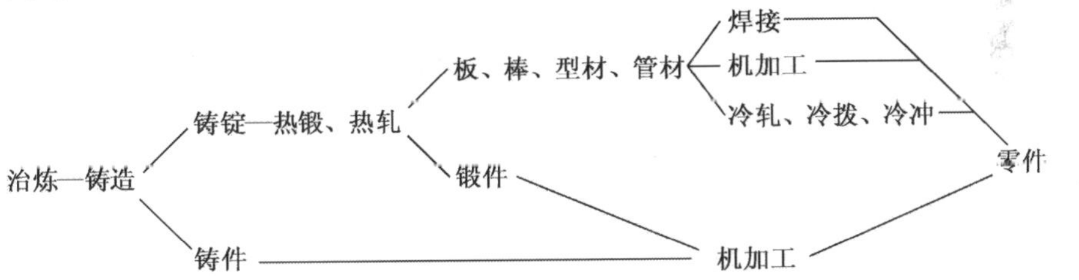

图1－2－1　金属材料的一般加工过程

在铸造、锻压、焊接、机加工等加工前后过程中，一般还要进行不同类型的热处理。因此一个由金属材料制得的零件，其加工过程十分复杂。工艺性能直接影响零件加工后的质量，是选材和制订零件加工工艺路线时应当考虑的因素之一。对于保证产品质量，降低成本，提高生产效率有重大作用。

1. 铸造性能

金属及合金在铸造工艺中获得优良铸件的能力称为铸造性能。衡量铸造性能的主要指标有流动性、收缩性和偏析倾向等。

（1）流动性

熔融金属的流动能力称为流动性。它主要受化学成分和浇注温度等的影响。流动性好的金属容易充满铸型，从而获得外形完整、尺寸精确、轮廓清晰的铸件。

（2）收缩性

铸件在凝固和冷却过程中，其体积和尺寸减小的现象称为收缩性。铸件收缩不仅影响尺寸精度，还会使铸件产生缩孔、疏松、内应力、变形和开裂等缺陷，故用于铸造的金属其收缩率越小越好。

（3）偏析倾向

金属凝固后，内部化学成分和组织的不均匀现象称为偏析。偏析严重时能使铸件各部分的力学性能有很大的差异，降低了铸件的质量，这对大型铸件的危害更大。表1-2-2为几种金属材料的铸造性能的比较。

表1-2-2　几种金属材料的铸造性能的比较

材料	流动性	收缩性		偏析倾向	其他
		体收缩	线收缩		
灰口铸铁	好	小	小	小	铸造内应力小
球墨铸铁	稍差	大	小	小	易形成缩孔、缩松，白口化倾向小
铸钢	差	大	大	大	导热性差，易发生冷裂
铸造黄铜	好	小	较小	较小	易形成集中缩孔
铸造铝合金	尚好	小	小	较大	易吸气，易氧化

2. 压力加工性能

从理论上讲，压力加工性能是指金属材料在冷热状态下塑性变形的能力，即热锻和冷冲压时变形的能力。从加工方法上可用压力加工时获得优良压制件的难易程度来衡量压力加工性能。压力加工性能的好坏同金属的塑性和变形抗力有关。塑性越好，变形抗力越小，金属的压力加工性能越好。压力加工性能包括充填模具所需要的固体流动性，对模壁的摩擦阻力，对氧化起皮的抗力，热裂趋势，冷变形时的硬化趋势，不均匀变形（产生折皱）的趋势等。

常用金属材料中，黄铜和铝合金在室温状态下有良好的可锻性；低碳钢的可锻性和冷冲击性比中碳钢、高碳钢好；铸铁则不能锻压。

3. 焊接性能

焊接性能是指金属材料对焊接加工的适应性，也就是在一定的焊接工艺条件下，获得优质焊接接头的难易程度。焊接性能包括焊接性，熔接合金成分的改变，吸气性及氧化性，内应力及冷热开裂倾向等。

焊接性能好的材料容易用一般的焊接方法和工艺进行操作，焊接时不易形成裂纹、气孔、夹渣等缺陷，焊接后接头强度与母材相近。

对低碳钢和合金钢，焊接性主要同金属材料的化学成分有关，其中碳含量的影响最大。低碳钢具有良好的焊接性，高碳钢、铸铁的焊接性较差。

4. 切削加工性能

切削加工金属材料的难易程度称为切削加工性能。切削加工性能一般用工件切削后的表面粗糙度及刀具寿命等方面来衡量。影响切削加工性能的因素主要有工件的化学成分、组织形态、硬度、塑性、导热性和形变强化等。一般认为，金属材料具有适当硬度（170～230HBS）和足够的脆性时，较易切削，所以铸铁比钢切削加工性能好。一般碳钢比高合金钢切削加工性能好。改变钢的化学成分和进行适当的热处理，是改善钢切削加工性能的重要途径。

5. 热处理性能

热处理性能是指金属材料对热处理工艺的适应性，即通过对金属材料的热处理，改善或提高金属材料的物理、化学和力学性能。热处理性能包括淬硬性、淬透性、淬火变形趋势、表面氧化及脱碳趋势、导热率、回火脆性等。

单元三　金属材料的物理性能和化学性能

1. 物理性能

物理性能是指金属材料所具有的固有属性。主要包括密度、熔点、导电性、导热性、热膨胀性、磁性等。金属材料的物理性能对于选材、热加工工艺等方面有较大的影响。如大功率高速柴油机的活塞材料选用铝合金作为活塞材料正是利用其密度小、导热性好的特性，以有效降低往复惯性力和提高效率；散热器、热交换器则用导热性好的铜合金作为热交换元件。

2. 化学性能

金属材料的化学性能是指材料抵抗其周围介质侵蚀的能力。主要包括耐腐蚀性和抗氧化性。耐腐蚀性是指金属材料在常温下抵抗氧、水蒸气及其他化学介质腐蚀破坏作用的能力。抗氧化性是指金属材料在加热时抵抗氧化作用的能力。

在高温高压下工作的锅炉，各种加热炉、内燃机中的零件等都要求具有良好的抗氧化性。

【项目小结】

本项目主要介绍金属材料常用力学性能的判据，材料的工艺性能、物理性能、化学性能，通过本项目的学习，学生能够掌握材料力学性能的确定方法，并且了解影响材料力学性能的因素。

【项目训练】

一、填空题

1. 判断材料力学性能的常用指标有________、________、________和________疲劳强度。

2. 强度是指________________________________的能力。

3. 强度主要的判据包括________、________和________。

4. 塑性的主要判据有________和________。

5. 常用测量硬度方法有________、________和________。

6. 材料的物理性能除了密度外，还包括________、________、________、________和________等。

7. 金属的化学性能主要指________和________。

8. 工艺性能是指金属材料对不同加工工艺方法的适应能力，它包括________、________和热处理工艺性能等。

9. 零件的疲劳失效过程可分为疲劳裂纹的产生、________和________三个阶段。

二、选择题

1. 下列力学性能指标的判据中不能用拉伸试验测得的是(　　)。

A. R_{eH}　　B. HBS　　C. A　　D. Z

2. 下面硬度测量方法中不适合测量薄壁零件和成品的是(　　)。

A. 洛氏硬度测量　　B. 维氏硬度测量

C. 肖氏硬度测量　　D. 布氏硬度测量

3. 下列指标不能用来衡量金属材料的铸造性能的是(　　)。

A. 流动性　　B. 收缩性　　C. 偏析倾向　　D. 变形抗力

4. 下列硬度的表示方法正确的是(　　)。

A. 600HBS　　B. 2HRC　　C. 100HBW　　D. 800HV

5. 下列硬度的材料中切削加工性能最好的是(　　)。

A. 600HBS　　B. 400HBS　　C. 200HBS　　D. 100HBS

6. 下列力学性能指标中可用非破坏性方法测得的是(　　)。

A. 屈服强度　　B. 硬度　　C. 塑性　　D. 疲劳强度

7. 在小能量多次冲击条件下，其冲击抗力主要取决于材料的强度和(　　)。

A. 冲击韧性　　B. 硬度　　C. 塑性　　D. 疲劳强度

8. 洛氏硬度 HRC 标尺所用的压头是(　　)。

A. 淬火钢球　　B. 硬质合金球　　C. 金刚石圆锥体　　D. 金刚石六棱锥体

三、判断题

1. 塑性变形是指外力去除后可以部分恢复的变形。(　　)

2. 疲劳是指加在材料上的载荷超过了材料允许的负荷而使材料破坏的现象。(　　)

3. 材料的力学性能指标越高越有利于切削加工。(　　)

4. 所有金属材料在拉伸试验时都有显著的屈服现象。(　　)

5. R_{eH}是衡量材料被拉断前所能够承受的最大内应力的大小指标。(　　)

6. 由于塑性属于材料的固有属性，所以用长试样和短试样测得的塑性指标应该是一样的。(　　)

四、综合题

1. 金属材料的性能包括哪几个方面？

2. 什么是屈服？什么是颈缩？什么样的材料在做拉伸试验的时候才会出现这些现象？

3. 50HBS10/1000/30 和 500HBW5/75 各表示什么意思？

4. 简要介绍下列设备及其主要用途。

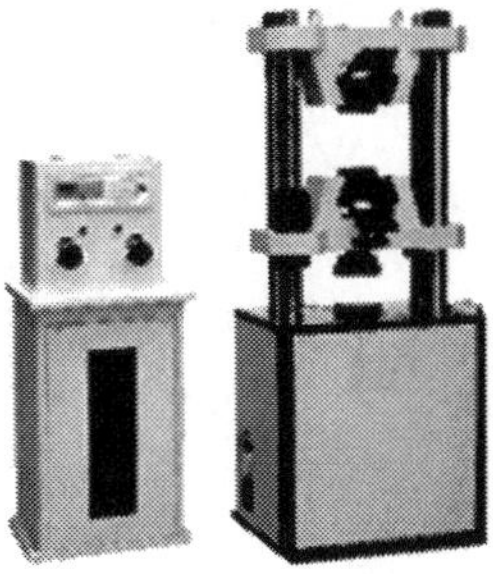

项目二　金属的晶体结构与结晶

【项目简介】

本项目主要介绍不同的金属材料具有不同的力学性能;即使是成分相同的材料,当经过不同的冷热加工后性能也会有很大差异。材料性能上的差异主要取决于金属内部原子排列规律和结构缺陷。

【参考学时】

4 学时

【知识目标】

1. 理解金属的晶体结构的基本概念。
2. 理解金属缺陷对金属物理、化学和力学性能的影响。
3. 深刻理解金属的结晶过程及塑性变形对金属性能的影响。

【能力目标】

能根据金属结晶过程及塑性变形情况对金属性能的影响进行分析。

【单元链接】

单元一　金属的晶体结构
单元二　纯金属的结晶
单元三　金属的塑性变形和同素异构转变

单元一　金属的晶体结构

金属的晶体结构,即是指金属原子排列的规律性及其特征。研究金属的晶体结构,有助于从本质上揭示金属的性能。

一、晶体结构的基础知识

1. 晶格与晶胞

为了形象描述晶体内部原子排列的规律,将原子抽象为几何点,并用一些假想连线将几何点连接起来,这样构成的空间格子称为晶格(见图 2 - 1 - 1(b))。

晶体中原子排列具有周期性变化的特点,通常从晶格中选取一个能够完整反映晶格特征的最小几何单元称为晶胞(见图 2 - 1 - 1(c)),它具有很高对称性。

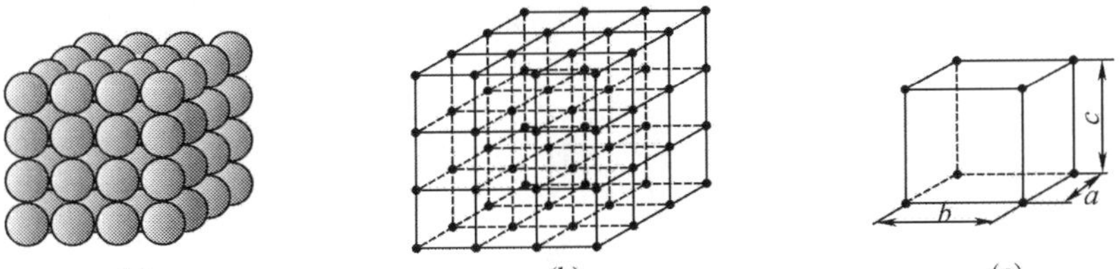

(a) (b) (c)

图 2－1－1　简单立方晶格与晶胞示意图

(a)晶体结构;(b)晶格;(c)晶胞

2. 晶胞表示方法

不同元素结构不同,晶胞的大小和形状也有差异。结晶学中规定,晶胞大小以其各棱边尺寸 a,b,c 表示,称为晶格常数。晶胞各棱边之间的夹角分别以 α,β,γ 表示。当棱边 $a=b=c$,棱边夹角 $\alpha=\beta=\gamma=90°$时,这种晶胞称为简单立方晶胞。

3. 致密度

金属晶胞中原子本身所占有的体积百分数,它用来表示原子在晶格中排列的紧密程度。

二、三种典型的金属晶格

1. 体心立方晶格

晶胞示意图见图 2－1－2(a)。它的晶胞是一个立方体,立方体的 8 个顶角和晶胞各有一个原子,其单位晶胞原子数为 2 个,其致密度为 0.68。属于该晶格类型的常见金属有 Cr,W,Mo,V,α－Fe 等。

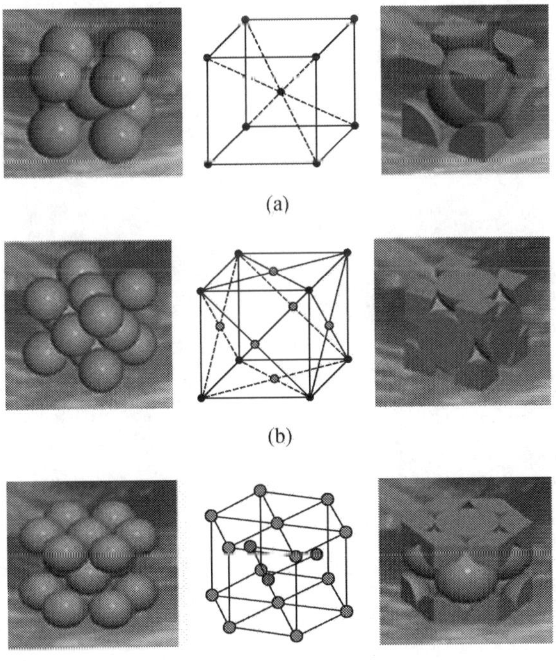
(a)
(b)
(c)

图 2－1－2　常见金属晶格的晶胞

(a)体心立方晶格;(b)面心立方晶格;(c)密排六方晶格

2. 面心立方晶格

晶胞示意图见图 2－1－2(b)。它的晶胞也是一个立方体，立方体的 8 个顶角和立方体的 6 个面中心各有一个原子，其单位晶胞原子数为 4 个，其致密度为 0.74(原子排列较紧密)。属于该晶格类型的常见金属有 Al,Cu,Pb,Au,γ－Fe 等。

3. 密排六方晶格

它的晶胞是一个正六方柱体，原子排列在柱体的每个顶角和上、下底面的中心，另外三个原子排列在柱体内，晶胞示意图见图 2－1－2(c)。其单位晶胞原子数为 6 个，致密度也是 0.74。属于该晶格类型常见金属有 Mg,Zn,Be,Cd,α－Ti 等。

三、金属实际的晶体结构

前面讨论的金属结构是理想的结构，即原子排列得非常整齐，晶格位向(原子列的方位和方向)完全一致，且无任何缺陷存在，称为单晶体。

目前，只有采用特殊方法才能获得单晶体。

1. 金属的多晶体结构

实际使用的金属大都是多晶体结构，即它是由许多不同位向的小晶体组成，每个小晶体内部晶格位向基本上是一致的，而各小晶体之间位向却不相同，如图 2－1－3 所示。这种外形不规则，呈颗粒状的小晶体称为晶粒。晶粒与晶粒之间的界面称为晶界。

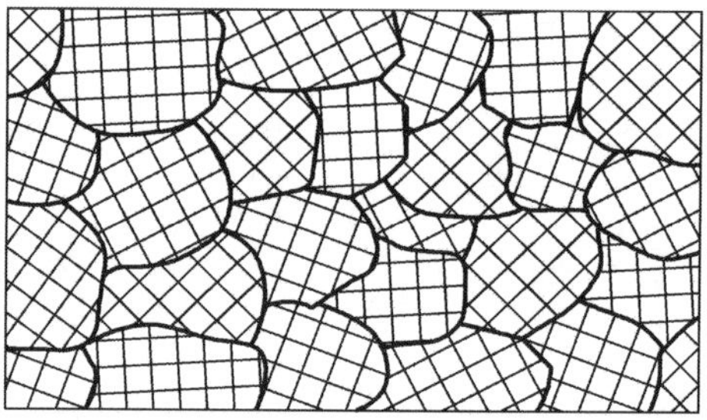

图 2－1－3　金属多晶体结构

实践表明，在每个晶粒内部，晶格位向也有位向差(1°～2°)，这些位向差很小的小晶块嵌镶成一颗晶粒。这些小晶块称为亚晶或亚结构，亚晶之间边界称为亚晶界。

2. 金属的晶体缺陷

在金属晶体中，由于晶体形成条件、原子的热运动及其他各种因素影响，原子规则排列在局部区域受到破坏，呈现出不完整，通常把这种区域称为晶体缺陷。根据晶体缺陷的几何特征，可分为点缺陷、线缺陷和面缺陷三类。

(1)点缺陷　晶体缺陷呈点状分布，最常见的点缺陷有晶格空位、间隙原子等，如图 2－1－4 所示。由于点缺陷出现，使周围原子发生“撑开”或“靠拢”现象，称为晶格畸变。晶格畸变的存在，使金属产生内应力，晶体性能发生变化，如强度、硬度增加，它也是强化金属的手段之一。

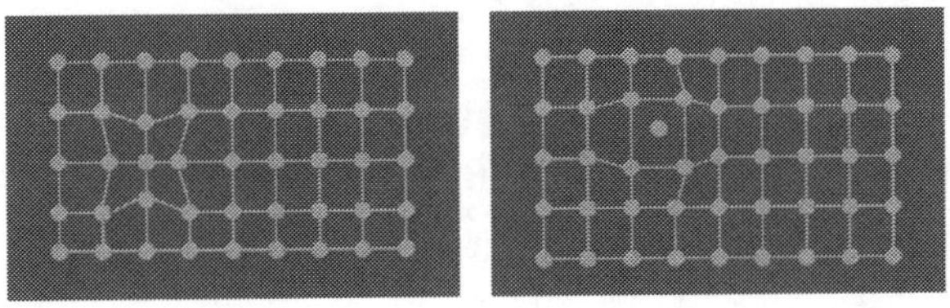

图 2－1－4　点缺陷示意图

(2)线缺陷　晶体缺陷呈线状分布,线缺陷主要是指位错。最常见的位错是刃型位错,如图 2－1－5 所示。这种位错的表现形式是晶体的某一晶面上,多出一个半原子面,它如同刀刃一样插入晶体,故称为刃型位错,在位错线附近一定范围内,晶格发生了畸变。

(3)面缺陷　缺陷呈面状分布,通常指的是晶界和亚晶界。实际金属材料是多晶体结构,多晶体中两个相邻晶粒之间晶格位向是不同的,所以晶界处是不同位向晶粒原子排列无规则的过渡层,如图 2－1－6 所示。晶界处原子处于不稳定状态,能量较高,因此晶界与晶粒内部有着一系列不同特征,如常温下晶界有较高的强度和硬度;晶界处原子扩散速度较快;晶界处容易被腐蚀、熔点低等。

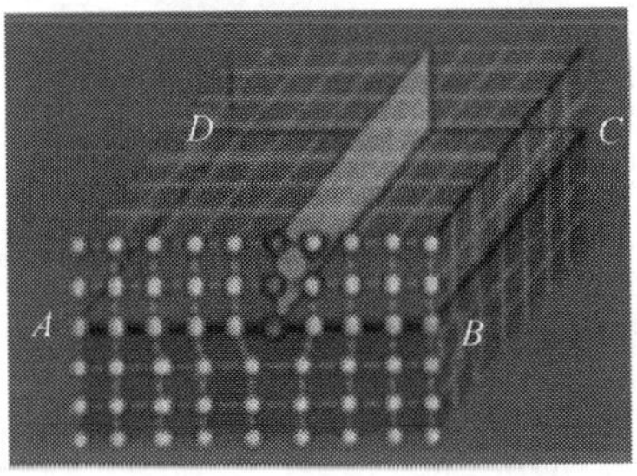

图 2－1－5　刃型位错示意图

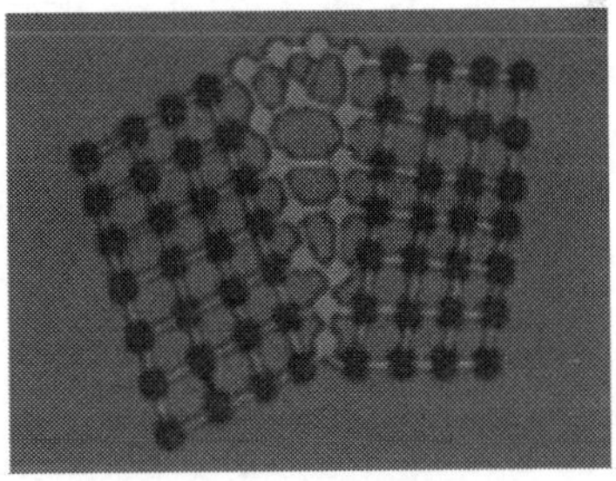

图 2－1－6　晶界示意图

单元二　纯金属的结晶

一、纯金属的结晶

1. 结晶的概念

金属的结晶是指金属由液态转变为固态的过程。

2. 纯金属的冷却曲线

纯金属的结晶都是在一定温度下进行的,它的冷却结晶过程可用图 2－2－1 所示的冷却曲线来描述。

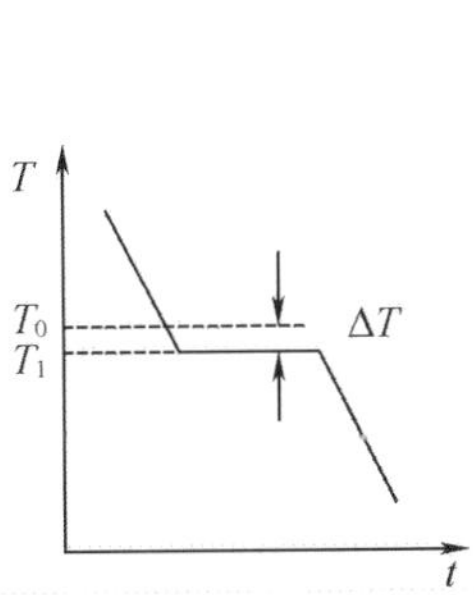

图 2－2－1　纯金属的冷却曲线

由冷却曲线可见,液态金属随着冷却时间的延长,它所含的热量不断散失,温度也不断下降,但是当冷却到某一温度时,温度随时间延长并不变化,在冷却曲线上出现了“平台”,“平台”对应的温度是纯金属实际结晶温度。出现“平台”的原因,是结晶时放出的潜在热量正好补偿了金属向外界散失的热量。结晶完成后,由于金属继续向环境散热,温度又重新下降。

需要指出的是，图中 T_0 为理论结晶温度，金属实际结晶温度 T_1 总是低于理论结晶温度 T_0 的现象，称为“过冷现象”；理论结晶温度和实际结晶温度之差称为过冷度，以 ΔT 表示，$\Delta T = T_0 - T_1$。金属结晶时温度的大小与冷却速度有关，冷却速度越快，过冷度就越大，金属的实际结晶温度就越低。

二、纯金属的结晶过程

纯金属的结晶过程发生在冷却曲线上平台所经历的这段时间。液态金属结晶时，都是首先在液态中出现一些微小的晶体——晶核，它不断长大，同时新晶核又不断产生并相继长大，直至液态金属全部消失为止，如图 2 –2 –2 所示。因此金属的结晶包括晶核的形成和晶核的长大两个基本过程，并且这两个过程是同时进行的。

1. 晶核的形成

由图 2 –2 –2 可见，当液态金属冷至结晶温度以下时，某些类似晶体原子排列的小集团便成为结晶核心，这种由液态金属内部自发形成结晶核心的过程称为自发形核。而在实际金属中常有杂质的存在，这种液态金属依附于这些杂质更容易形成晶核。这种依附于杂质或形壁而形成晶核的过程称为非自发形核。自发形核和非自发形核在金属结晶时是同时进行的，但非自发形核常起优先和主导作用。

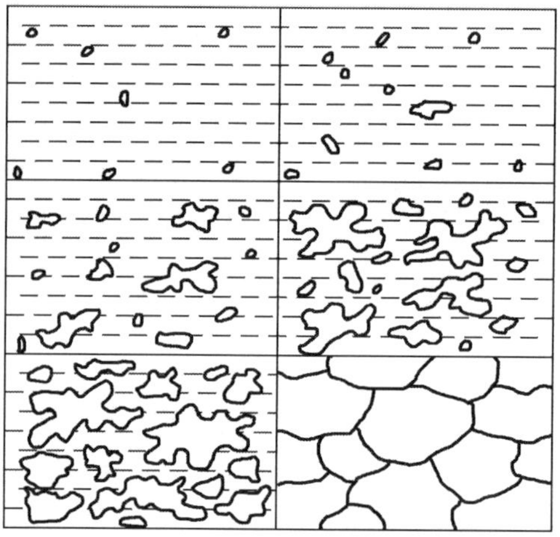

图 2 –2 –2　纯金属结晶过程

2. 晶核的长大

晶核形成后，当过冷度较大或金属中存在杂质时，金属晶体常以树枝状的形式长大。在晶核形成初期，外形一般比较规则，但随着晶核的长大，形成了晶体的顶角和棱边，此处散热条件优于其他部位，因此在顶角和棱边处以较快成长速度形成枝干。同理，在枝干的长大过程中，又会不断生出分支，最后填满枝干的空间，结果形成树枝状晶体，简称枝晶。

三、金属结晶后的晶粒大小

金属结晶后晶粒大小对金属的力学性能有重大影响，一般来说，细晶粒金属具有较高的强度和韧性。为了提高金属的力学性能，希望得到细晶组织，因此必须了解影响晶粒大小的因素及控制方法。

结晶后的晶粒大小主要取决于形核率 N 与晶核的长大速率 G。显然，凡能促进形核率 N，抑制长大速率 G 的因素，均能细化晶粒。

1. 增加过冷度

形核率和长大速率都随过冷度增大而增大，但在很大范围内形核率比晶核长大速率增长得更快。故过冷度越大，单位体积中晶粒数目越多，晶粒越细化。

实际生产中，通过加快冷却速度来增大过冷度，这对于大型零件显然不易办到，因此这种方法只适用于中、小型铸件。

2. 变质处理

在液态金属结晶前加入一些细小变质剂，使结晶时形核率 N 增加，而长大速率 G 降低，这种细化晶粒方法称为变质处理。

此外，采用机械振动、超声波和电磁波振动等，增加结晶动力，使枝晶破碎，也间接增加形核核心，同样可细化晶粒。

单元三　金属的塑性变形和同素异构转变

一、单晶体金属的塑性变形

单晶体受力后，外力 P 在任何晶面上都可以分解为正应力 σ 和切应力 τ，正应力 σ 只能引起弹性变形及解理断裂，只有在切应力 τ 的作用下，金属晶体才能产生塑性变形。

正常情况下，塑性变形有两种形式：滑移和孪生，在多数情况下，金属的塑性变形是以滑移的方式进行的。

1. 滑移

滑移是指晶体的一部分沿一定的晶面和晶向相对于另一部分发生移动的现象。滑移变形的特点是：

(1)滑移只能在切应力的作用下发生。产生滑移的最小切应力称为临界切应力。

(2)滑移常沿晶体中原子密度最大的晶面和晶向发生，这是因为原子密度最大的晶面和晶向之间间距最大，结合力最弱，产生滑移所需切应力最小。沿其发生滑移的晶面和晶向分别称为滑移面和滑移方向。显然，滑移面和滑移方向通常是晶体中的密排面和密排方向。

一个滑移面和其上的一个滑移方向构成一个滑移系。体心立方晶格与面心立方晶格的滑移系数目相同，都是 12 个，而密排六方晶格只有 3 个滑移系。

滑移系越多，金属发生滑移的可能性越大，塑性也越好，其中滑移方向对塑性的贡献比滑移面更大。因而具有面心立方晶格金属的塑性好于体心立方晶格金属，具有体心立方晶格金属的塑性好于密排六方晶格金属。

(3)滑移时，晶体两部分的相对位移量是原子间距的整数倍。滑移的结果在晶体表面形成台阶，称为滑移线，若干条滑移线组成一个滑移带。

(4)滑移的同时伴随着晶体的转动。转动有两种：一种是滑移面向外力轴方向转动，另一种是在滑移面上，滑移方向向最大切应力方向转动。

转动的原因是由于晶体沿着滑移面和滑移方向滑动后使正应力分量 σ_n，σ'_n和切应力分

量 τ_b，τ_b'组成了力偶。计算表明，当滑移面和滑移方向都与外力轴方向成 45°角时，滑移方向上的切应力 τ_s 最大，因而最容易发生滑移。当滑移面和滑移方向与外力轴方向平行或垂直时，切应力分量 $\tau_s=0$，晶体不发生滑移。

（5）滑移是通过滑移面上位错的运动来实现的。计算表明，把滑移设想为刚性整体滑动所需的理论临界切应力值比实际测量的临界切应力值大 3～4 个数量级，而按照位错运动模型计算所得的临界切应力值则与实测值相符，可见滑移不是刚性滑动，而是位错运动的结果。

当晶体通过位错运动产生滑移时，只在位错中心的少数原子发生移动，而且它们移动的距离远小于一个原子间距，因而所需临界切应力小，这种现象称为位错的易动性。

当一个位错移动到晶体表面时，便产生一个原子间距的滑移量，同一滑移面上，若有大量位错移出，则在晶体表面形成一条滑移线。

2. 孪生

孪生是指晶体的一部分沿一定晶面和晶向相对于另一部分所发生的切变。发生切变的部分称为孪晶带或孪晶，沿其发生孪生的晶面称为孪生面，孪生的结果使孪生面两侧的晶体呈镜面对称。

与滑移不同，孪生使晶格位向发生改变，所需切应力比滑移大得多，变形速度极快，接近于声速；孪生时相邻原子面的相对位移量小于一个原子间距。

在常见的晶格类型中，密排六方晶格金属滑移系少，常以孪生方式变形。体心立方晶格金属只有在低温或冲击作用下才发生孪生变形。面心立方晶格金属一般不发生孪生变形，但在这类金属中常发现有孪晶存在，这是由于相变过程中原子重新排列时发生错排而产生的，称为退火孪晶。

二、多晶体金属的塑性变形

工程上使用的金属绝大多数是多晶体，其中每个晶粒内部的变形情况与单晶体的变形情况大致相似，但由于晶界的存在及各晶粒的取向不同，使多晶体的塑性变形比单晶体复杂得多。

1. 晶界及晶粒位向差的影响

在多晶体中，晶界原子排列不规则，当位错运动到晶界附近时，受到晶界的阻碍而堆积起来，称为位错的塞积。若要使变形继续进行，则必须增加外力，可见晶界使金属的塑性变形抗力提高。双晶粒试样的拉伸实验表明，试样往往呈竹节状，晶界处较粗，这说明晶界的变形抗力大，变形较小。

由于各相邻晶粒位向不同，当一个晶粒发生塑性变形时，为了保持金属的连续性，周围的晶粒若不发生塑性变形，则必以弹性变形来与之协调。这种弹性形变便成为塑性变形晶粒的变形阻力。由于晶粒间的这种相互约束，使得多晶体金属的塑性变形抗力提高。

2. 多晶体金属的塑性变形过程

多晶体中首先发生滑移的是那些滑移系与外力夹角等于或接近于 45°的晶粒，使位错在晶界附近塞积，当塞积位错前端的应力达到一定程度，加上相邻晶粒的转动，使相邻晶粒中原来处于不利位向滑移系上的位错开动，从而使滑移由一批晶粒传递到另一批晶粒，当有大量晶粒发生滑移后，金属便显示出明显的塑性变形。

3. 晶粒大小对金属力学性能的影响

金属的晶粒越细，其强度和硬度越高。原因是金属的晶粒越细，晶界总面积越大，位错障碍越多，需要协调的具有不同位向的晶粒越多，金属塑性变形的抗力越高。

金属的晶粒越细，其塑性和韧性也就越好。这是由于晶粒越细，单位体积内晶粒数目越多。同时参与变形的晶粒数目也越多，变形越均匀，推迟了裂纹的形成和扩展，使得在断裂前发生较大的塑性变形。在强度和塑性同时增加的情况下，金属在断裂前消耗的功也大，因而其韧性也比较好。

通过细化晶粒来同时提高金属的强度、硬度、塑性和韧性的方法称为细晶强化。细晶强化是金属的重要强化手段之一。

三、金属的同素异构转变

大多数金属的晶格类型都是一成不变的，但是，铁、锰、锡、钛等金属的晶格类型都会随温度的升高或降低而发生改变。一种固态金属，在不同的温度区间具有不同的晶格类型的性质称为同素异构性。

金属在固态下晶格随温度发生改变的现象，叫作同素异构转变。

金属的同素异构转变也是一种结晶过程，它同样包含晶核的形成和长大，故又叫重结晶。转变时也有结晶潜热的放出和过冷现象。

纯铁是具有同素异构性的金属，当纯铁液体冷却到 1 538 ℃时，结晶为固态，为体心立方晶格，称为 δ 铁，继续冷却至 1 394 ℃转变为面心立方晶格，称为 γ 铁，到 912 ℃时又转变为体心立方晶格，称为 α 铁。

铁在固态下发生同素异构转变，这是由铁的内部结构所决定的。铁的同素异构转变是钢铁能够进行热处理的重要依据。

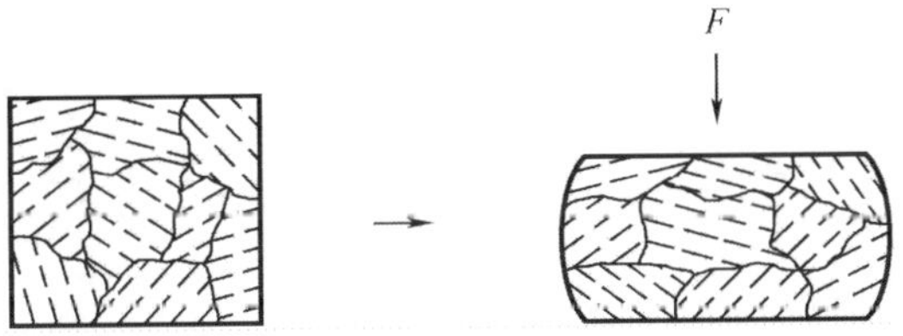

图 2－3－1

四、塑性变形对金属组织和性能的影响

1. 塑性变形对金属组织的影响

金属发生塑性变形，不仅外形发生变化，而且内部的晶粒被拉长或压扁。当变形量很大时，晶粒将被拉长为纤维状，晶界变得模糊不清，如图 2－3－2 所示。塑性变形使晶粒破碎成亚晶粒。

2. 塑性变形对金属性能的影响

金属发生冷塑性变形后，随塑性变形量增加，金属的强度、硬度提高，塑性、韧性下降的现象称为加工硬化。

冷塑性变形金属产生加工硬化的原因：

①位错密度增加；

②亚结构细化，亚晶界对位错运动有阻碍作用；

③空位密度增加。

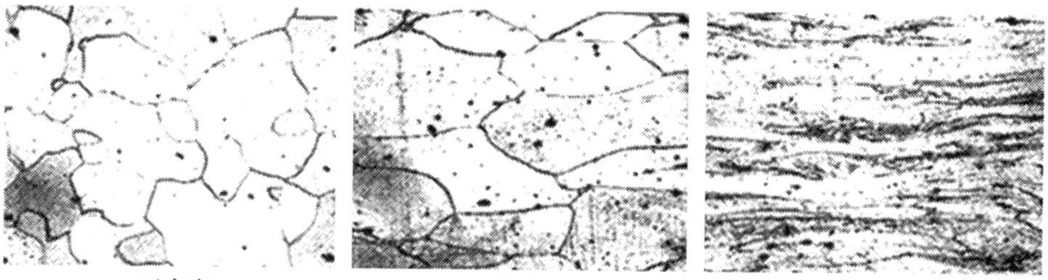

图 2-3-2　工业纯铁在塑性变形前后的组织变化（40×）

由于加工硬化的存在，使已变形部分发生硬化而停止变形，而未变形部分开始变形，因此，没有加工硬化，金属就不会发生均匀塑性变形。加工硬化是强化金属的重要手段之一。尤其对于那些不能通过热处理强化的金属和合金更为重要。

3. 残余应力

内应力是指平衡于金属内部的应力，它是由于金属在外力作用下，内部变形不均匀而引起的。

内应力分为三类：

①宏观内应力，平衡于金属表面与心部之间；

②微观内应力，平衡于晶粒之间或晶粒内不同区域之间；

③畸变应力，由晶格缺陷引起的内应力。

内应力的存在，使金属的耐蚀性降低，引起零件在加工、淬火过程中的变形和开裂。因此金属在塑性变形后，通常要进行退火处理，以消除或降低内应力。

4. 回复与再结晶

金属经冷塑性变形后，组织处于不稳定状态，有自发恢复到变形前组织状态的倾向。在常温下，原子扩散能力小，不稳定状态可以维持相当长时间，而加热则使原子扩散能力增强，金属将依次发生回复、再结晶和晶粒长大。

(1)回复

回复是指在加热温度较低时，由于金属中点缺陷及位错的近距离迁移而引起的晶内某些变化。在回复阶段，组织变化不明显，强度、硬度略有下降，塑性略有提高；但内应力、电阻率等显著下降。

在工业中，利用回复现象将冷变形金属低温加热，既能稳定组织又保留了加工硬化，这种热处理方法称为去应力退火。

(2)再结晶

当冷塑性变形金属被加热到较高温度时，由于原子活动能力增大，晶粒的形状开始发生变化，由破碎拉长的晶粒变为完整的等轴晶粒。这种冷变形组织在加热时重新彻底改组的过程称为再结晶。

再结晶也是一个晶核形成和长大的过程，但不是相变过程。再结晶前后晶粒的晶格类型和成分完全相同。由于再结晶后组织的复原，金属的强度、硬度下降，韧性提高，加工硬化消失。

(3)结晶后的晶粒长大

再结晶完成后,若继续升高加热温度或延长加热时间,将发生晶粒长大,这是一个自发的过程。晶粒的长大是通过晶界迁移进行的,是大晶粒吞并小晶粒的过程。晶粒长大会使金属的强度,尤其是塑性和韧性下降。

(4)再结晶温度

再结晶不是一个恒温过程,它是自某一温度开始,在某一温度范围内连续进行的过程,发生再结晶的最低温度称为再结晶温度。影响再结晶温度的因素如下:

①金属的预先变形度;

②金属的纯度;

③加热速度和保温时间;

④再结晶退火后的晶粒度。

由于晶粒大小对金属的力学性能具有重大影响,因而生产上非常重视再结晶退火后的晶粒度。影响再结晶退火后晶粒大小的因素如下:

①加热温度和保温时间

加热温度越高,保温时间越长,金属的晶粒越大,加热温度的影响尤为显著。

②预先变形度

预先变形度的影响实质上是变形均匀程度的影响。

五、金属的热加工

1. 冷加工与热加工的区别

在金属中,冷、热加工的界限是以再结晶温度来划分的,低于再结晶温度的加工为冷加工,而高于再结晶温度的加工为热加工。例如,Fe 的再结晶温度为 450 ℃,其在 400 ℃以下的加工变形仍属冷加工。而 Pb 的再结晶温度为 −33 ℃,则其在室温下的加工变形为热加工。

热加工时产生的加工硬化很快被再结晶产生的软化所抵消,因而热加工不会带来加工硬化的效果。

2. 热加工对金属组织和性能的影响

热加工可使铸态金属与合金中的气孔焊合,使粗大的树枝晶破碎,从而使组织致密,成分均匀,晶粒细化,力学性能提高。

热加工使铸态金属中的非金属夹杂物沿变形方向伸长,形成彼此平行的宏观条纹,称为流线,由这种流线体现的组织称为纤维组织。纤维组织使钢产生各向异性,与流线平行的方向强度高,而与其垂直的方向强度低。在制定加工工艺时,应使流线分布合理,尽量与拉应力方向一致。如图 2−3−3(a)中所示的曲轴锻坯流线分布合理,而图 2−3−3(b)中所示的曲轴是由锻钢切削加工而成,其流线分布不合理,易在轴肩处发生断裂。

在热加工亚共析钢时,常发现钢中的铁素体与珠光体呈带状分布,这种组织称为带状组织。带状组织与枝晶偏析被沿加工方向拉长有关,它的存在将降低钢的强度、塑性和冲击韧性,可通过多次正火或退火来消除。

热加工能量消耗小,但钢材表面易氧化,因而热加工一般用于截面尺寸大、变形量大、在室温下加工困难的工件。而冷加工一般用于截面尺寸小、塑性好、尺寸精度及表面粗糙度要求高的工件。

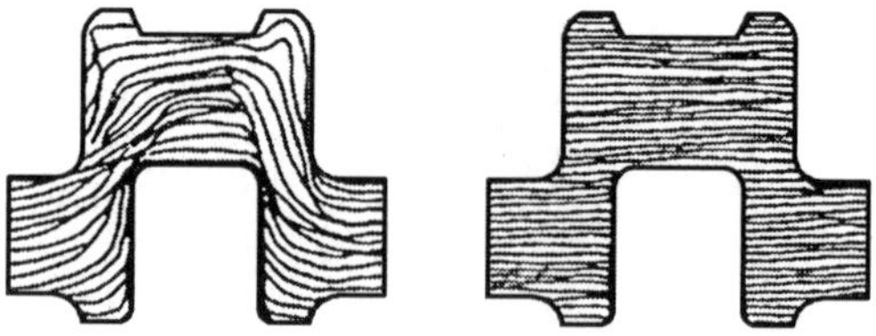

(a) (b)

图 2-3-3

【项目小结】

本项目主要介绍金属的晶体结构的特点以及晶体缺陷的几何形态特征，金属结晶的基本知识、结晶的规律以及塑性变形对于金属性能的影响。通过本项目的学习，学生能够掌握金属的结构特征，并且了解影响金属性能的因素。

【项目训练】

一、填空题

1. 根据晶体缺陷的几何特征，可将它们分为________、________和________。

2. 位错密度是指________________，其数学表达式为________。

3. 表示晶体中原子排列形式的空间格子叫作________，而晶胞是指________。

4. 典型金属的晶体结构有________、________和________三种结构。

5. 在常见金属晶格中，原子排列最密的晶向，体心立方晶格是________，而面心立方晶格是________。

6. 晶体在不同晶向上的性能是________，这就是单晶体的________现象。一般结构用金属为________晶体，在各个方向上性能________，这就是实际金属的________现象。

7. 实际金属存在有________、________和________三种缺陷。位错是________缺陷。实际晶体的强度比理想晶体的强度________得多。

8. 常温下使用的金属材料以________晶粒为好。

9. 金属常见的晶格类型是________、________和________。

10. α-Fe，γ-Fe，Al，Cu，Ni，Cr，V，Mg，Zn 中属于体心立方晶格的有________，属于面心立方晶格的有________，属于密排六方晶格的有________。

11. 晶面通过(0，0，0)、(1/2，1/4，0)和(1/2，0，1/2)三点，这个晶面的晶面指数为________。

12. 金属具有良好的导电性、导热性、塑性和金属光泽主要是因为金属原子具有________结合方式。

13. 纯铁在________温度和________温度发生________和________多晶型转变。

二、判断题

1. 因为单晶体具有各向异性的特征，所以实际应用的金属晶体在各个方向上的性能也是不相同的。 (　　)

2. 面心立方晶体与密排六方晶体的配位数相同，所以它们的原子排列密集程度也相同。 (　　)

3. 金属理想晶体的强度比实际晶体的强度高得多。（　　）
4. 实际金属在不同方向上的性能是不一样的。（　　）
5. 纯铁加热到 912 ℃时将发生 α－Fe 向 γ－Fe 的转变，体积会发生膨胀。（　　）
6. 在室温下，金属的晶粒越细，则其强度愈高和塑性愈低。（　　）
7. 纯铁只可能是体心立方结构，而铜只可能是面心立方结构。（　　）
8. 实际金属中存在着点、线和面缺陷，从而使得金属的强度和硬度均下降。（　　）
9. 多晶体是由多个取向不同的单晶体拼凑而成的。（　　）
10. 晶胞是从晶格中任意截取的一个小单元。（　　）
11. 从热力学上讲，所有的晶体缺陷都使畸变能升高，即都是非平衡态。（　　）

三、选择题

1. 正的电阻温度系数是指（　　）。
   A. 随温度增高导电性增大的现象　　B. 随温度降低电阻下降的现象
   C. 随温度升高电阻减少的现象　　D. 随温度降低电阻升高的现象
2. 金属键的一个基本特征是（　　）。
   A. 没有方向性　　B. 具有饱和性
   C. 具有择优取向性　　D. 没有传导性
3. 晶体中的位错属于（　　）。
   A. 体缺陷　　B. 点缺陷
   C. 面缺陷　　D. 线缺陷
4. 亚晶界的结构是（　　）。
   A. 由点缺陷堆集而成
   B. 由位错垂直排列成位错墙面构成
   C. 由晶界间的相互作用构成
   D. 由杂质和空位混合组成
5. 多晶体具有（　　）。
   A. 各向同性　　B. 各向异性
   C. 伪各向同性　　D. 伪各向异性

四、简答题

1. 实际金属晶体中存在哪些晶体缺陷，它们对金属的性能有什么影响？

2. 何谓同素异构现象，试以 Fe 为例阐述之。试分析 γ－Fe 向 α－Fe 的体积变化情况。

3. 画出体心立方、面心立方晶格中原子最密的晶面和晶向，写出它们的晶面指数和晶向指数，并求出其单位面积和单位长度上的原子数。

4. 碳可以溶入铁中而形成间隙固溶体，试分析是 α－Fe 还是 γ－Fe 能溶入较多的碳，为什么？

5. 在晶体中有一平面环状位错线，请问此位错环能否各部分都是刃型位错，或各部分都是螺型位错，为什么？

项目三　铁碳合金相图

【项目简介】

本项目主要介绍铁碳合金的基本组织及其性能，介绍了相图与平衡状态图的基本概念，简单分析了铁碳合金相图的特性点、线及相区之含义，介绍了铁碳合金的分类。

【参考学时】

6－8 学时

【知识目标】

1. 深刻理解铁碳合金的基本组织及其性能。
2. 理解相图的基本概念。
3. 熟练掌握并理解铁碳合金相图的特性点、线及相区之含义。

【能力目标】

能根据所学知识，分析铁碳合金相图各区、各线、各点的含义。

【单元链接】

单元一　铁碳合金的基本组织
单元二　铁碳合金相图
单元三　铁碳合金相图的应用

合金就是两种或两种以上的金属元素（或金属与非金属元素）熔合在一起形成的具有金属特征的物质。例如，黄铜，它是由铜、锌等元素所组成的合金。碳钢和铸铁是由铁和碳组成的铁碳合金。

单元一　铁碳合金的基本组织

工业纯铁虽然塑性较好，但强度较低，所以很少用它制造机械零件。在纯铁中加入少量碳，能使强度和硬度明显提高，原因是铁和碳相互结合，形成了不同的合金组织。工业中应用最广泛的钢铁材料属于铁碳合金。固态下的铁碳合金中铁和碳的基本结合方式有两种：一是碳原子溶解到铁的晶格中形成固溶体；二是铁和碳按一定比例相互化合成化合物。

铁碳合金的基本组织有铁素体、奥氏体、渗碳体、珠光体和莱氏体。

一、铁素体

碳溶于 $\alpha-Fe$ 形成的间隙固溶体称为铁素体，用符号 F 表示，它仍保持 $\alpha-Fe$ 的体心显微组织，如图3-1-1所示。铁素体的晶粒显示出边界比较平缓的多边形特征。铁素体的晶格间隙很小，因而溶碳能力极差，在727 ℃时溶碳量最大为0.021 8%，在室温下溶碳量仅为0.000 8%。因而，固溶强化效果不明显，其性能与纯铁相近，表现为强度、硬度较低，塑性、韧性较好。低碳钢中含有较多的铁素体，故具有较好的塑性。

二、奥氏体

碳溶于γ-Fe形成的间隙固溶体称为奥氏体，用符号A表示。它仍保持γ-Fe的面心立方晶格，其显微组织如图3-1-2所示。奥氏体晶粒显示出边界比较平直的多边形特征。虽然面心立方晶格的γ-Fe的致密度(0.74)高于体心立方晶格。α-Fe的致密度(0.68)，但γ-Fe的晶格间隙的直径要比α-Fe大，故溶碳能力也较大。在1 148 ℃时溶碳量最大，w_C=2.11%，随着温度下降溶碳量逐渐减少，在727 ℃时溶碳量为w_C=0.77%。由于γ-Fe是在高温时存在，所以奥氏体为高温组织，其强度、硬度一般随碳含量增加而提高，但强度、硬度仍然很低，而塑性较高。因此，一般钢材锻造前都要加热到奥氏体状态。

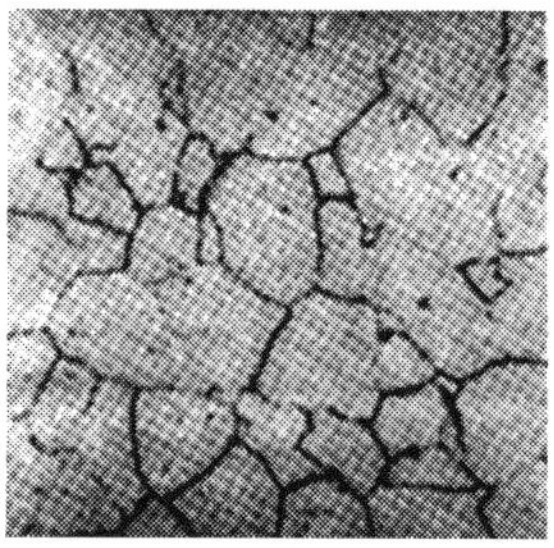

图3-1-1　铁素体显微组织

图3-1-2　奥氏体显微组织

三、渗碳体

渗碳体是铁和碳相互作用形成的一种具有复杂晶格结构的间隙化合物，用符号Fe_3C表示，其碳含量w_C=6.69%，熔点为1 227 ℃，其硬度很高，约为800 HBW，而塑性、韧性极差，几乎为零。渗碳体不能单独使用，在钢和铸铁中与其他相共存时，呈片状、球状、网状和细板状，其数量、形状、大小和分布状况对钢和铸铁的性能有很大的影响，它是钢中的主要强化相。渗碳体在一定条件下会发生分解，形成石墨状的自由碳和铁。

四、珠光体

奥氏体从高温稳定状态缓慢冷却到727 ℃时，将分解为铁素体和渗碳体呈均匀分布的两相混合物，其立体形态为铁素体薄层和渗碳体薄层交替重叠的层状机械混合物，称为珠光体组织，如图3-1-3所示，用符号P表示，碳含量w_C=0.77%，其组织特征可以看成是在铁素体的基体上均匀分布着强化相渗碳体。珠光体的机械性能介于铁素体和渗碳体之间，具有较高的强度和硬度，又有一定塑性和韧性，其组织也适合于形变加工。

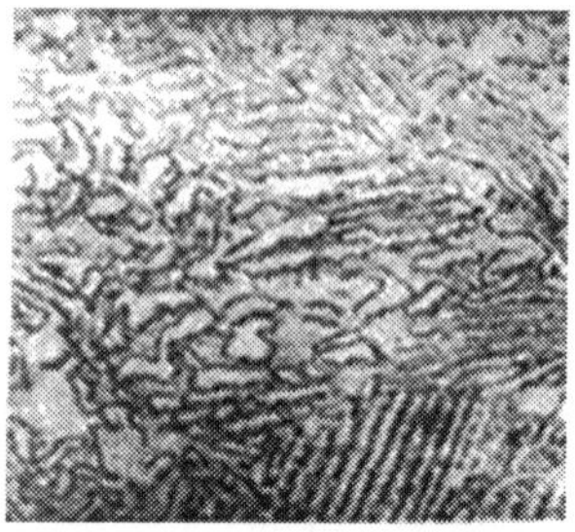

图3-1-3　珠光体显微组织

五、莱氏体

碳含量为 4.3% 的液态合金，缓慢冷却到 1 148 ℃时，同时结晶出奥氏体和渗碳体呈均匀分布的混合物，称为高温莱氏体组织，用符号 L_d 表示。在 727 ℃以下，莱氏体中的奥氏体将转变为珠光体，由珠光体和渗碳体组成的莱氏体，称为低温莱氏体，用符号 L'_d表示。莱氏体的性能与渗碳体相似，硬度很高，塑性、韧性极差。

单元二　铁碳合金相图

相图是表示合金在缓慢冷却的平衡状态下相或组织与温度、成分间关系的图形，又称状态图或平衡图。一般用热分析法作出合金系中一系列不同成分合金的冷却曲线，并确定冷却曲线上的结晶转变温度(临界点)，然后把这些临界点画在"温度－成分"坐标图上，最后把坐标图上的各相应点连接起来，就得出该合金的相图。在铁碳合金中，铁与碳可以形成一系列的碳化物，如 Fe_3C，Fe_2C，FeC 等。因此铁碳合金相图是具有多种化合物的相图。它包括 Fe－Fe_3C，Fe_3C－Fe_2C，Fe_2C－FeC 及 FeC－C 等二元相图。其中，比较稳定的化合物 Fe_3C 中碳的质量分数为 6.69%。由于碳的质量分数超过 6.69% 的铁碳合金脆性很大，没有使用价值，且实际应用的铁碳合金中的碳含量一般不超过 5%，所以具有实用意义的并被深入研究的只有 Fe－Fe_3C 这一部分，通常称为 Fe－Fe_3C 合金状态图。简化的 Fe－Fe_3C 合金状态图如图 3－2－1 所示。

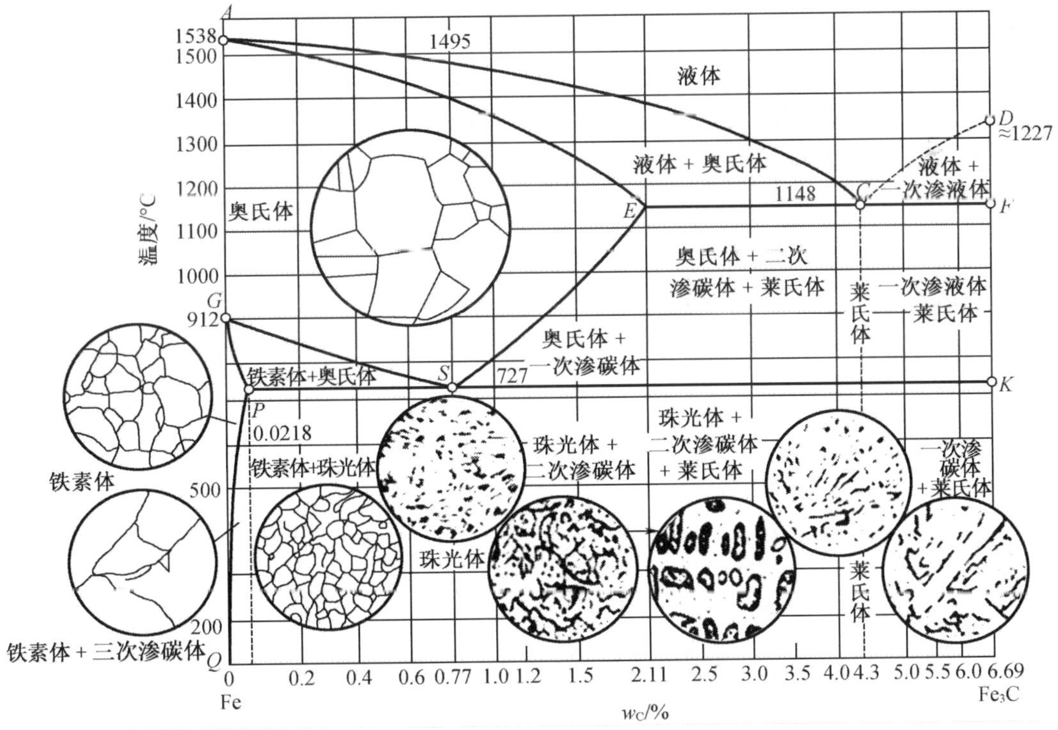

图 3－2－1　简化的 Fe－Fe_3C 相图

一、Fe－Fe_3C 相图分析

1. 相图中的重要特性点(见表 3－2－1)

表 3－2－1　Fe－Fe_3C 相图中个重要特性点及其意义

点的代号	温度/℃	碳含量 w_C/%	意义
A	1 538	0	纯铁的熔点
G	912	0	α－Fe $\rightleftharpoons$ γ－Fe 同素异构转变点，重结晶点
P	727	0.021 8	碳在 α－Fe 中的最大溶解度点，工业纯铁与碳钢的分界点
Q	室温	0.000 8	铁素体具有的饱和碳浓度，碳在铁素体中的溶解度点
S	727	0.77	A $\rightleftharpoons$ P(F＋Fe_3C)，共析转变点
E	1 148	2.11	碳在 γ－Fe 中的最大溶解度点，碳钢与生铁的分界点
C	1 148	4.3	L $\rightleftharpoons$ L_d(A＋Fe_3C)，共晶转变点
D	1 227	6.69	渗碳体的熔点

2. 相图中的重要特性线

Fe－Fe_3C 相图中的线条是若干合金发生组织转变的临界线，即不同成分合金相变点的连线。各重要特性线意义见表 3－2－2。

表 3－2－2　相图中重要特性线及其意义

线条代号	意义
ACD	液相线：液态向固态转变的开始线或固态向液态转变的结束线，*ACD* 线以上为液相区，其中 *DC* 线是液相脱溶线，液相冷至该线开始脱溶出 $Fe_3C_Ⅰ$
AECF	同相线：液态向固态转变的终止线，*AECF* 线以下为固相区
ECF	共晶线：液态合金冷至该线发生液相向莱氏体的共晶转变，即 L $\rightleftharpoons$ L_d(A＋Fe_3C)
PSK	共析线，又称 A_1 线：奥氏体冷至该线发生奥氏体向珠光体的共析转变，即 A $\rightleftharpoons$ P(F＋Fe_3C)
GS	先析线，又称 A_3 线：奥氏体向铁素体转变开始析出先析铁素体线
ES	先析线，又称 A_{cm}线：奥氏体向渗碳体转变开始析出(或脱溶出)先析渗碳体($Fe_3C_Ⅱ$)线
PQ	铁素体析出线：铁素体冷至该线开始析出 $Fe_2C_{Ⅲ}$
GP	奥氏体全部转变为铁素体线的终了线

3. 相图中的合金分类

根据相图上的 *P*，*E* 两点，可将铁碳合金分为工业纯铁、碳钢和白口铸铁三类。其中碳钢和白口铸铁又可分为三种，因此相图上共有七种典型合金，其各自的碳含量和室温组织如表 3－2－3 所示。

表 3-2-3　铁碳合金分类

分类	名称	碳含量 w_C/%	室温组织
工业纯铁	工业纯铁	<0.021 8	F
钢	亚共析钢	0.021 8～0.77	F+P
	共析钢	0.77	P
	过共析钢	0.77～2.11	$P+Fe_3C_{II}$
白口铸铁	亚共晶白口铸铁	2.11～4.3	$P+L'_d+Fe_3C_{II}$
	共晶白口铸铁	4.3	L'_d
	过共晶白口铸铁	4.3～6.69	$L'_d+Fe_3C_I$

二、典型合金平衡结晶过程及组织

1. 共析钢的结晶

图 3-2-2 所示合金Ⅰ为共析钢，其结晶过程的示意图如图 3-2-3 所示。合金Ⅰ在液相线以上处于液体状态，缓冷至 1 点时，液相 L 开始结晶出奥氏体晶粒，在 1—2 点区间为 L+A，冷到 2 点时，结晶完毕，全部为单相均匀奥氏体晶粒。2—3 点是单相奥氏体。缓冷到 3 点 727 ℃，将发生共析转变形成珠光体，即

$$A \xrightarrow{727\ ℃} P(F+Fe_3C)$$

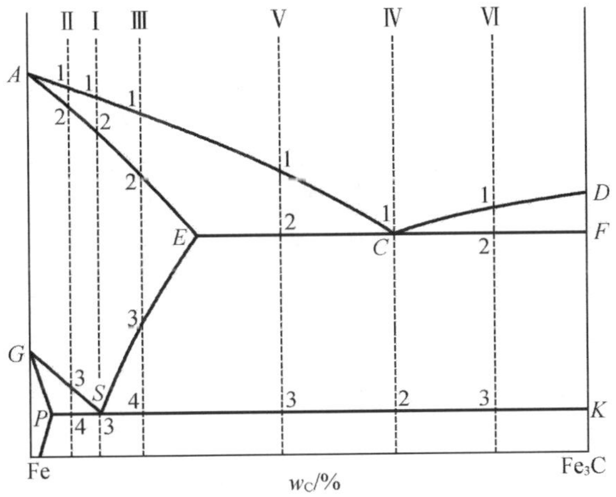

图 3-2-2　典型铁碳合金结晶过程示意图

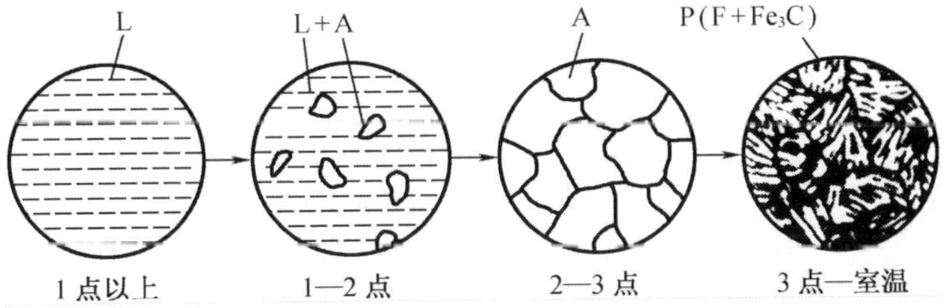

图 3-3-3　共析钢结晶过程示意图

珠光体中的渗碳体为共析渗碳体。当温度从 727 ℃继续降低，珠光体不再发生变化。因此，共析钢的室温平衡组织为珠光体。

2. 亚共析钢的结晶

如图 3－2－2 所示合金Ⅱ为亚共析钢，其结晶过程如图 3－2－4 所示。

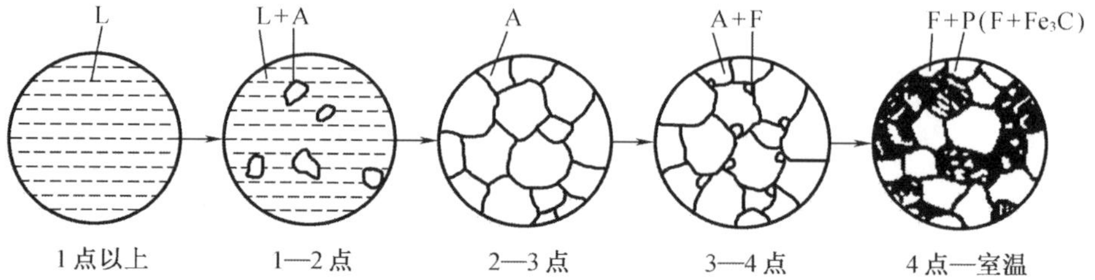

图 3－2－4　亚共析钢结晶过程示意图

合金Ⅱ在 1 点以上为液相 L，当温度降到 1 点后，液相 L 开始结晶出奥氏体，在 1—2 间为 L＋A，至 2 点全部结晶为奥氏体。2—3 是单相奥氏体。当温度降至 3 点时，从奥氏体的边界上开始析出铁素体，随温度继续降低，不断析出铁素体并逐渐长大，铁素体含碳量沿 *GP* 线逐渐增加，剩余的奥氏体量减少，其碳含量沿 *GS* 线不断增加，当温度降至 4 点时，未转变的奥氏体中的碳含量增加到 0.77%，发生共析转变，形成珠光体。因此，亚共析钢室温平衡组织为铁素体和珠光体，其显微组织如图 3－2－5 所示。（白色组织为 F，黑色组织为 P）。在亚共析钢中，碳含量越高，珠光体越多，铁素体越少。

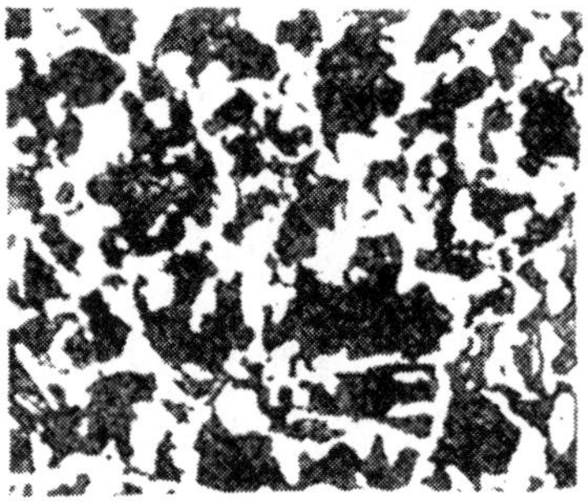

图 3－2－5　亚共析钢（w_C＝0.35％）的显微组织

3. 过共析钢的结晶

如图 3－2－2 所示合金Ⅲ为过共析钢，其结晶过程如图 3－2－6 所示。合金Ⅲ冷到 1 点，开始从液相中结晶出奥氏体，直到 2 点结晶完毕，形成单相奥氏体，当冷到 3 点时，开始从奥氏体中沿晶界先析出二次渗碳体（$Fe_3C_{Ⅱ}$），并沿奥氏体晶界呈网状分布。随温度降低，$Fe_3C_{Ⅱ}$逐渐增加，未转变奥氏体中的碳含量沿 *ES* 线不断减少，至 4 点时剩余奥氏体中碳含量达到 0.77%，于是发生共析转变形成珠光体。过共析钢室温平衡组织为珠光体与网状二次渗碳体组成的共析体。图 3－2－7 为过共析钢的显微组织示意图（图中晶界上白色组织为 $Fe_3C_{Ⅱ}$，黑色组织为 P）。

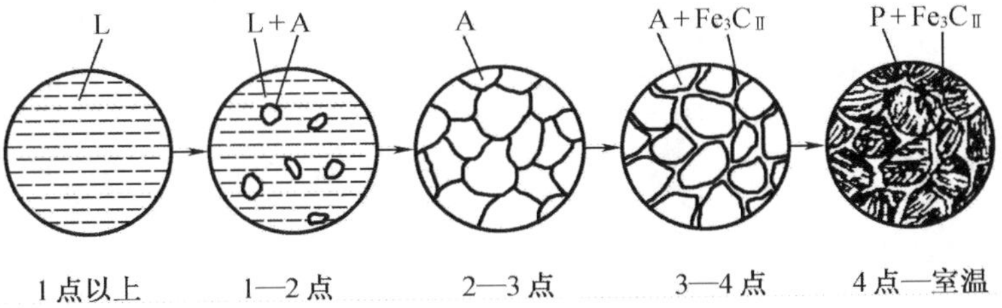

图3-2-6　过共析钢结晶过程示意图

图3-2-7　共析钢(w_C=1.3%)显微组织

4. 共晶白口铸铁的结晶

图3-2-2中合金Ⅳ为共晶白口铸铁，其结晶过程如图3-2-8所示。

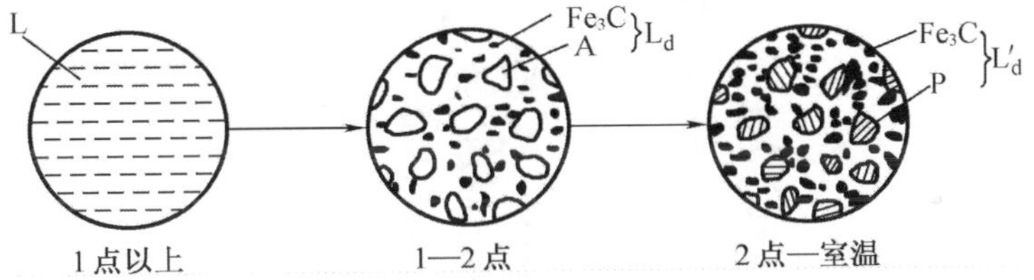

图3-2-8　共晶白口铸铁的结晶过程示意图

温度在1点以上是均匀的液相，当温度冷到1点(即 C 点)时，液态合金将发生共晶反应同时结晶出奥氏体和渗碳体的机械混合物形成高温莱氏体即

$$L \xrightarrow{1\ 148℃} L_d(A+Fe_3C)$$

莱氏体中的渗碳体称共晶渗碳体，奥氏体为共晶奥氏体：继续冷到1—2点区间，莱氏体中的奥氏体将不断析出 $Fe_3C_{Ⅱ}$，$Fe_3C_{Ⅱ}$ 通常依附在共晶渗碳体不能分解。当温度降到2点(727 ℃)时，共晶奥氏体成分为 S 点(碳含量为0.77%)，此时在恒温下发生共析转变，形成珠光体，而共晶渗碳体不发生变化。共晶白口铸铁室温组织为珠光体和渗碳体组成的低温莱氏体组织，其显微组织如图3-2-9所示。

图3-2-9　共晶白口铸铁的结晶过程示意图

5. 亚共晶白口铸铁的结晶

图 3－2－2 中合金Ⅴ为亚共晶白口铸铁，结晶过程如图 3－2－10 所示。

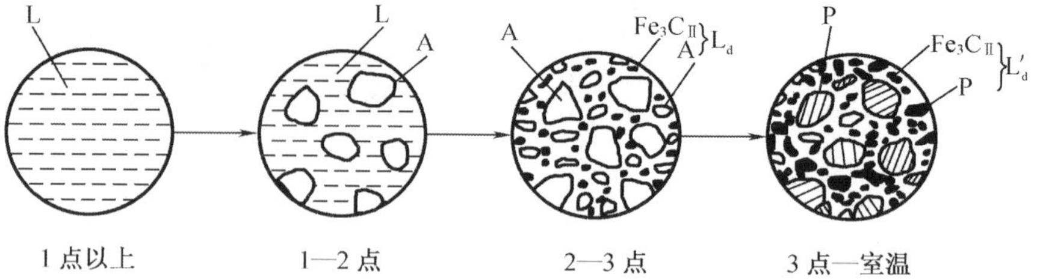

图 3－2－10　亚共晶白口铸铁的结晶过程示意图

合金温度在 1 点以上为液相，缓冷至 1 点时，开始析出奥氏体晶体，在 1—2 点温度区间，随着温度下降，析出的奥氏体含量不断增加，液相不断减少，当温度降到 2 点（1 148 ℃）时，奥氏体的碳浓度为 2.11%，液相碳含量达到 4.3%，发生共晶转变，形成高温莱氏体。合金在 2 点的组织为奥氏体和高温莱氏体，继续降低温度时，从奥氏体（包括 L_d 中的 α 中不断以 $Fe_3C_Ⅱ$形式析出碳，使得奥氏体中碳含量不断降低，高温莱氏体成分不变，2 点至 3 点的温度区间组织是：$A+Fe_3C_Ⅱ+L_d$。当冷却到 3 点时，奥氏体碳含量降到共析点 $S(w_C=0.77\%)$，发生共析转变，奥氏体转变为珠光体，高温莱氏体 L_d 转变为低温莱氏体 L'_d，再冷却直到室温，亚共晶白口铸铁组织不再转变，室温组织为珠光体、二次渗碳体和低温莱氏体 L'_d。图 3－2－11 为其显微组织。

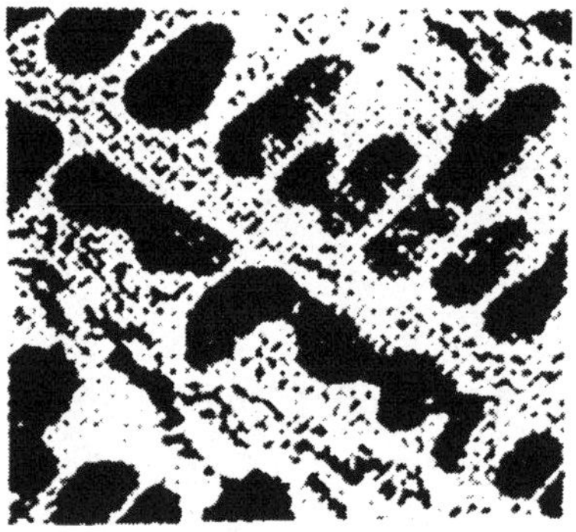

图 3－2－11　亚共晶白口铸铁显微组织

6. 过共晶白口铸铁的结晶

图 3－2－2 中合金Ⅵ为过共晶白口铸铁，其结晶过程如图 3－2－12 所示。

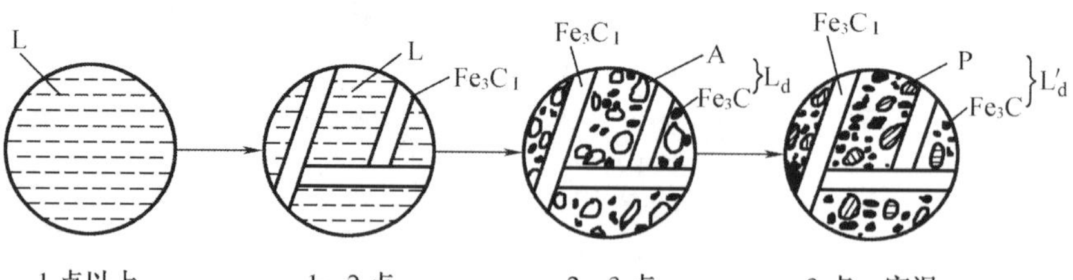

图 3－2－12　过共晶白口铸铁

当合金冷到 1 点时，开始从液相中析出一次渗碳体（$Fe_3C_Ⅰ$），一次渗碳体呈粗大片状当温度继续下降到2点时，剩余液相碳含量达到4.3%，发生共晶转变形成高温莱氏体。过共晶白口铸铁的室温组织为一次渗碳体和低温莱氏体。室温显微组织如图3－2－13所示。

图3－2－13　过共晶白口铸铁显微组织

三、碳对铁碳合金平衡组织和性能的影响

1. 碳对平衡组织的影响

由上面的分析可知，随碳的质量分数增高，铁碳合金的组织发生如下变化：

$F+Fe_3C_{Ⅲ}$ →	$F+P$ →	P →	$P+Fe_3C_{Ⅱ}$ →	$P+Fe_3C_{Ⅱ}+L'_d$ →	L'_d →	$L'_d+Fe_3C_{Ⅰ}$
工业纯铁	亚共析钢	共析钢	过共析钢	亚共晶白口铸铁	共晶白口铸铁	过共晶白口铸铁

当碳的质量分数增大时，不仅其组织中渗碳体数量增加，而且渗碳体的分布和形态发生如下变化：

$Fe_3C_{Ⅲ}$（沿铁素体晶界分布的薄片状）→共析Fe_3C（分布在铁素体内的片层状）→$Fe_3C_{Ⅱ}$→（沿奥氏体晶界分布的网状）→共晶Fe_3C（为莱氏体的基体）→$Fe_3C_{Ⅰ}$（分布在莱氏体上的粗大片状）。

2. 碳对机械性能的影响

图3－2－14为含碳量对碳钢力学性能的影响。由图可见，随着含碳量的增加，钢的硬度直线上升，而塑性、韧性明显降低。但是碳含量对碳钢的强度影响不同：当钢中碳的质量分数小于0.9%，因二次渗碳体的数量随碳含量的增加而急剧增多且明显地呈网状分布于奥氏体晶界上，不仅降低了碳钢的塑性和韧性，而且明显地降低了碳钢的强度。所以，为了保证工业用钢具有足够的强度和一定的塑性、韧性，其碳的质量分数一般不超过1.4%。碳的质量分数大于2.11%的白口铸铁，由于组织

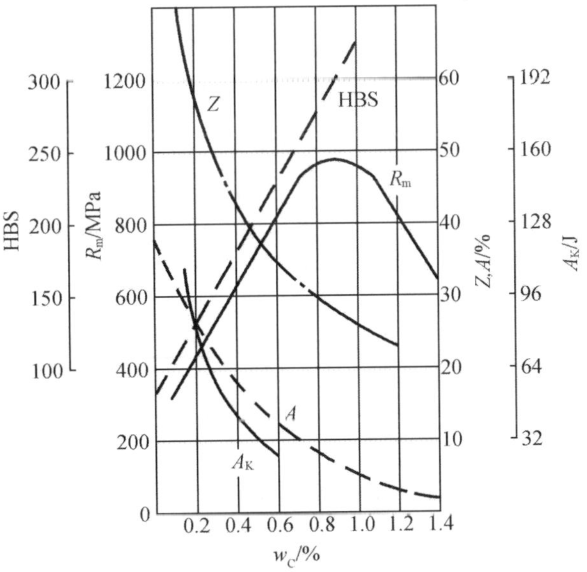

图3－2－14　含碳量对碳钢力学性能的影响

中含有较多的渗碳体，性能上显得硬而脆，难以进行切削加工，所以在一般机械工业中应用不多。

单元三　铁碳合金相图的应用

从铁碳相图可知，铁碳合金的室温组织都是有铁素体和渗碳体两相组成。但是，因其碳含量不同，故组织中两个相的相对数量、相对分布及形态不同，因而不同成分的铁碳合金具有不同的性能。

一、碳含量对铁碳合金平衡组织及性能的影响

室温下铁碳合金的成分、相组成、组织及性能的定量关系如图 3－3－1 所示。

室温下，铁碳合金有铁素体和渗碳体两种基本相组成。随着含碳量的增加，合金的室温组织中的渗碳体数量呈直线增加，如图 3－3－1(b)所示。同事，铁素体相和渗碳体相的形态和分布(即组织)也随着含碳量的增加而变化，如图 3－3－1(c)所示。

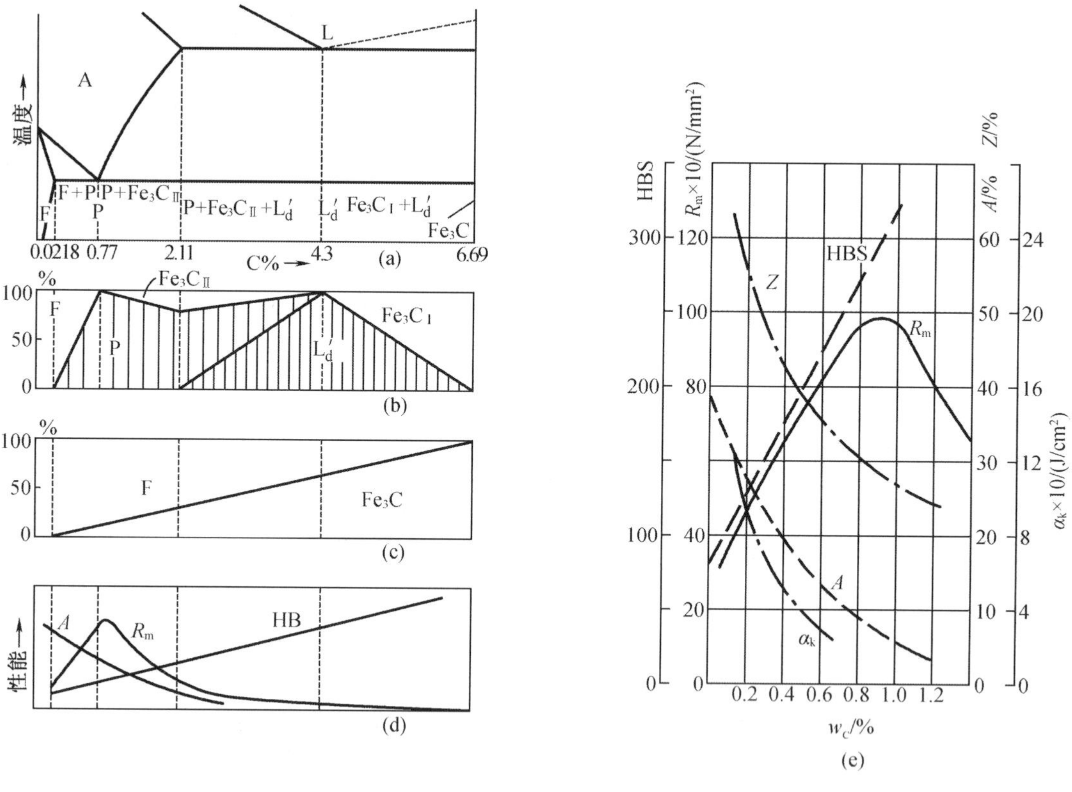

图 3－3－1　$Fe-Fe_3C$ 合金的成分、相组成、组织及性能的定量关系

由于随着含碳量的增加，组成相及平衡组织发生了改变，合金的力学性能也相应发生变化，如图 3－3－1(d)所示。亚共析钢的组织是由铁素体和珠光体组成，随着含碳量的增加，其组织中珠光体的数量随之增加，因而强度、硬度逐渐升高，塑性、韧性不断下降。过共析钢的组织是由珠光体和网状二次渗碳体组成，随着钢中含碳量的增加，其组织中珠光体

的数量不断减少，而网状二次渗碳体的数量相对增加，因而强度、硬度升高，塑性、韧性不断下降。由图3－3－1(e)可看出，当 $w_C=0.9\%$ 时，强度极限出现峰值，随后强度显著下降。只是由于二次渗碳体量逐渐增加形成连续网状，从而割裂基体，故使钢的强度呈迅速下降趋势。由此可见，强度是一种对组织形态很敏感的性能。

实际生产中，为了保证碳钢具有足够的强度、一定的塑形和韧性，碳质量分数一般不应超过1.3%～1.4%。

白口铸铁中都存在莱氏体组织，具有很高的硬度和脆性，既难以切削加工，也不能进行锻造。因此，白口铸铁的应用受到限制。但是由于白口铸铁具有很高的耐磨损能力，对于表面要求高硬度和耐磨的零件，如犁铧、冷轧辊等，常用白口铸铁制造。

最后还必须指出，以上所述是铁碳合金平衡组织的性能。随着冷却条件和其他处理条件的不同，这将在后续项目中介绍。

二、$Fe-Fe_3C$ 相图在工业中的应用

$Fe-Fe_3C$ 相图从客观上反映了钢材材料的组织随成分和温度变化的规律，因此在工程上为选材、用材及制订铸、锻、焊、热处理等工艺提供了重要的理论依据。

(1)在选材方面的应用　$Fe-Fe_3C$ 反映了铁碳合金组织和性能随成分的变化规律。这样，就可以根据零件的工作条件和性能要求来合理地选择材料。例如，桥梁、船舶、车辆及各种建筑，需要塑性、韧性好的材料，可选用低碳钢($w_C=0.1\%\sim0.25\%$)；对工作中承受冲击载荷和要求较高强度的各种机械零件，希望强度和韧性都比较好，可选用中碳钢($w_C=0.25\%\sim0.65\%$)；制造各种切削工具、模具及量具时，需要高的硬度和耐磨性，可选用高碳钢($w_C=0.77\%\sim1.44\%$)；对于形状复杂的箱体、机器底座等，可选用熔点低、流动性好的铸铁材料。

随着生产技术的发展，对钢材材料的要求也更高，这就需要按照新的需求，根据国内资源研制新材料，$Fe-Fe_3C$ 相图可作为材料研制中预测 1 期组织的基本依据。例如，碳钢中加入锰，可改变共析点的位置，组织中可提高珠光体的相对含量，从而提高钢的硬度和强度。

(2)在铸造生产上的应用　由 $Fe-Fe_3C$ 详图可见，共晶成分的铁碳合金熔点低，结晶温度范围最小，具有良好的铸造性能。因此，在铸造生产中，经常选用接近共晶成分的铸铁。

在铸钢生产中，含碳量规定在0.15%～0.6%之间，其铸造性能远不如铸铁。因为铸钢的凝固温度区间较大，故缩孔较大，且容易形成分散缩孔，流动性也较差，偏析严重；铸钢的熔化温度比铸铁高很多，铸钢在铸造时晶粒粗大，使钢的塑形及韧性大为下降。另外，铸钢冷却速度比铸铁快，其内应力也较大，故铸钢件在铸造后必须进行热处理消除内应力。

(3)在锻压生产上的应用　钢在室温时组织为两相混合物，塑性较差，变形困难。而奥氏体的强度较低，塑性较好，便于塑性变形。因此在进行锻压和热轧加工时，要把配料加热到奥氏体状态。加热温度不宜过高，以免钢材氧化烧损严重，单边性的终止温度也不宜过低，过低的温度除了增加能量的消耗和设备的负担外，还会因塑性的降低而导致开裂。

(4)在焊接生产上的应用　焊接时，由于局部区域(焊缝)被快速加热，所以从焊缝到母材各区域的温度是不同的，由 $Fe-Fe_3C$ 相图可知，温度不同冷却后的组织性能就不同，为了获得均匀一致的组织和性能，就需要在焊接后采用热处理方法加以改善。

(5)在热处理方面的应用　从 $Fe - Fe_3C$ 相图可知,铁碳合金在固态加热和冷却过程中均有相的变化,所以钢和铸铁可以进行有相变的退火、正火、淬火和回火等热处理。此外,奥氏体有溶解碳和其他合金元素的能力,而且溶解能力随温度的升高而增加,这就是钢可以进行渗碳和其他化学热处理的缘故。

应当指出的是,铁碳合金相图反映了在极其缓慢的加热和冷却条件下,铁碳合金平衡组织的状态。而实际生产中的加热和冷却速度极快,合金中除了碳以外,还会有多种合金元素、杂质元素,因此不能完全依据铁碳合金相图来分析解决生产过程中的所有问题。

【项目小结】

本项目主要介绍金属材料常用力学性能的判据,材料的工艺性能、物理性能、化学性能,通过本项目的学习,学生能够掌握材料力学性能的确定方法,并且了解影响材料力学性能的因素。

【项目训练】

1. 铁碳合金的基本组织有哪些,各有什么特点?
2. 绘制铁碳合金相图的简化图。
3. 试按含碳量和组织对铁碳合金进行分类。

项目四　钢的热处理

【项目简介】

本项目主要介绍钢的热处理的基本原理与工艺，包括钢在加热和冷却时的转变、钢的退火、正火、淬火和回火以及钢的表面处理等内容。

【参考学时】

6 ~ 8 学时

【知识和能力目标】

1. 深刻理解热处理的概念。
2. 深刻理解钢在加热和冷却时的组织转变及转变产物的形态和性能特点。
3. 深刻理解钢的退火和正火以及钢的淬火与回火的基本工艺过程。
4. 能够分析热处理的主要缺陷及其防止方法。

【单元链接】

单元一　钢在加热时的转变
单元二　钢在冷却时的转变
单元三　钢的退火与正火
单元四　钢的淬火与回火
单元五　钢的表面热处理

单元一　钢在加热时性能的转变

热处理是将固态金属或合金在一定介质中加热、保温和冷却，以改变整体或表面组织，从而获得所需性能的工艺，如图 4 - 1 - 1 所示。根据所要求的性能不同，热处理的类型有多种，其工艺过程都包括加热、保温和冷却三个阶段。按其加热和冷却方式不同，大致分类如下：

- 热处理
  - 普通热处理
    - 退火
    - 正火
    - 淬火
    - 回火
  - 表面热处理
    - 感应加热表面淬火
    - 火焰加热表面淬火
    - 激光加热表面淬火
    - 化学物理气相沉积
  - 化学热处理
    - 渗碳
    - 渗氮
    - 多元共渗

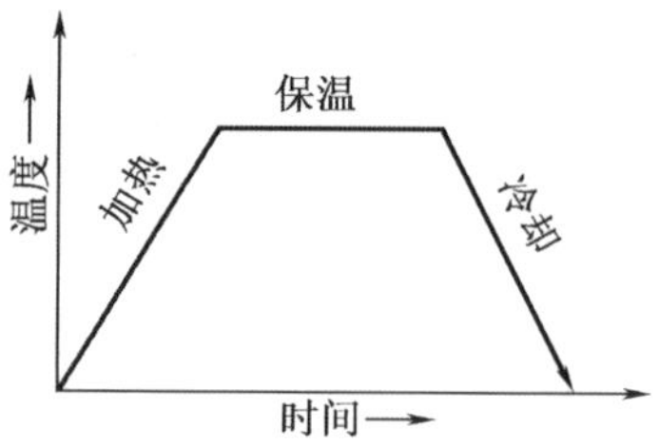

图 4－1－1　热处理工艺简图

大多数热处理工艺（如淬火、正火、退火等）都要将钢加热到临界温度以上，获得全部或部分奥氏体组织，并使其成分均匀化，即进行奥氏体化。加热时形成的奥氏体的质量（成分均匀性及晶粒大小等），对冷却转变过程及组织、性能有极大的影响。因此，了解奥氏体化规律是掌握热处理工艺的基础。

一、转变温度

根据 $Fe-Fe_3C$ 相图可知，共析钢、亚共析钢和过共析钢加热时，若想得到完全奥氏体组织，必须分别加热到 *PSK* 线（A_1）、*GS* 线（A_3）和 *ES* 线（A_{cm}）以上。实际热处理加热和冷却时的相变是在不完全平衡的条件下进行的，即加热和冷却温度与平衡态有一偏离程度（过热度或过冷度）。通常将加热时的临界温度标为 Ac_1，Ac_3，Ac_{cm}；冷却时标为 Ar_1，Ar_3，Ar_{cm}。

二、奥氏体化

若加热温度高于相变温度，钢在加热和保温阶段（保温的目的是使钢件里外加热到同一温度）将发生室温组织向 A 的转变，称奥氏体化。奥氏体化过程也是形核与长大过程，是依靠铁原子和碳原子的扩散来实现的，属于扩散型相变。下面以共析钢为例介绍其奥氏体化过程，亚共析钢和过共析钢的奥氏体化过程与共析钢基本相同，但略有不同。亚共析钢加热到 Ac_1 以上时还存在有自由铁素体，这部分铁素体只有继续加热到 Ac_3 以上时才能全部转变为奥氏体；过共析钢只有在加热温度高于 Ac_{cm} 时才能获得单一的奥氏体组织。

共析钢奥氏体化过程如下（如图 4－1－2 所示）：

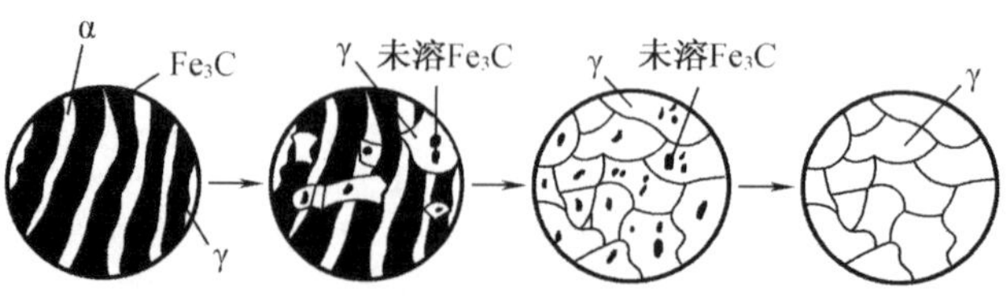

图 4－1－2　共析钢奥氏体化过程示意图

1. A 晶核的形成　钢加热到 Ac_1 以上时，P 变得不稳定，F 和 Fe_3C 的界面在成分和结构上处于最有利于转变的条件下，首先在这里形成 A 晶核。

2. A 晶核的长大　A 晶核形成后，随即也建立起 A－F 和 A－Fe_3C 的 C 浓度平衡，并存在一个浓度梯度。在此浓度梯度的作用下，A 内发生 C 原子由 Fe_3C 边界向 F 边界的扩散，使其同 Fe_3C 和 F 的两边界上的平衡 C 浓度遭破坏。为了维持 C 浓度的平衡，渗碳体必须不断往 A 中溶解，且 F 不断转变为 A。这样，A 晶核便向两边长大了。

3. 剩余 Fe_3C 的溶解　在 A 晶核长大过程中，由于 Fe_3C 溶解提供的 C 原子远多于同体积 F 转变为 A 的需要，所以 F 比 Fe_3C 先消失，而在 A 全部形成之后，还残存一定量的未溶 Fe_3C。它们只能在随后的保温过程中逐渐溶入 A 中，直至完全消失。

4. A 成分的均匀化　Fe_3C 完全溶解后，A 中 C 浓度的分布并不均匀，原先是 Fe_3C 的地方 C 浓度较高，原先是 F 的地方 C 浓度较低，必须继续保温，通过碳的扩散，使 A 成分均匀化。

三、影响奥氏体化的因素

A 的形成速度取决于加热温度和速度、钢的成分、原始组织，即一切影响碳扩散速度的因素。

1. 加热温度　随加热温度的提高，碳原子扩散速度增大；同时温度高时 *GS* 和 *ES* 线间的距离大，A 中碳浓度梯度大，所以奥氏体化速度加快。

2. 加热速度　在实际热处理条件下，加热速度愈快，过热度愈大。发生转变的温度愈高，转变的温度范围越宽，完成转变所需的时间就愈短（见图 4－1－3），因此快速加热（如高频感应加热）时，不担心转变来不及的问题。

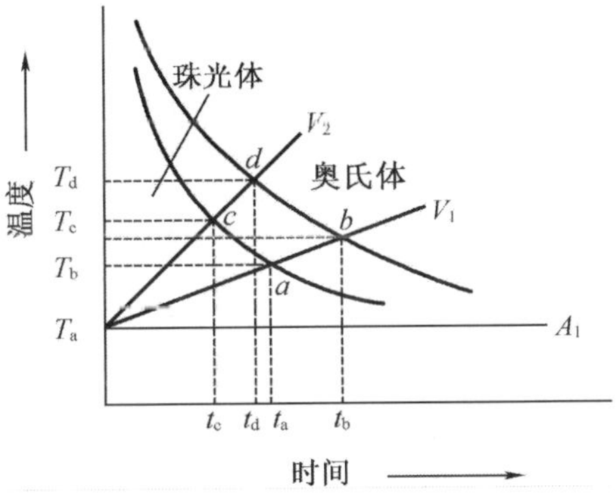

图 4－1－3　加热速度的影响

3. 钢中碳含量　碳含量增加时，Fe_3C 量增多，F 和 Fe_3C 的相界面增大，因而 A 的核心增多，转变速度加快。

4. 合金元素　合金元素的加入，不改变 A 形成的基本过程，但显著影响 A 的形成速度。

5. 原始组织　原始 P 中的 Fe_3C 有两种形式：片状和粒状。原始组织中 Fe_3C 为片状时 A 形成速度快，因为它的相界面积较大。而且，Fe_3C 片间距愈小，相界面愈大，同时 A 晶粒中 C 浓度梯度也大，所以长大速度更快。

单元二　钢在冷却时性能的转变

钢的奥氏体化不是热处理的最终目的，它是为了随后的冷却转变做组织准备。因为大多数机械构件都在室温下工作，且钢件性能最终取决于A冷却转变后的组织，所以研究不同冷却条件下钢中A组织的转变规律，具有更重要的实际意义。

A在临界转变温度以上是稳定的，不会发生转变。A冷却至临界温度以下，在热力学上处于不稳定状态，要发生转变。这种在临界点以下存在的不稳定的且将要发生转变的奥氏体，称为过冷奥氏体。过冷奥氏体的转变产物，决定于它的转变温度而转变温度又主要与冷却的方式和速度有关。在热处理中通常有两种冷却方式，即等温冷却与连续冷却，如图4－2－1所示。连续冷却时，过冷奥氏体的转变发生在一个较宽的温度范围内，因而得到粗细不匀甚至类型不同的混合组织。虽然这种冷却方式在生产中广泛采用，但分析起来较为困难。在等温冷却情况下，可以分别研究温度和时间对过冷奥氏体转变的影响，从而有利于弄清转变过程和转变产物的组织与性能。

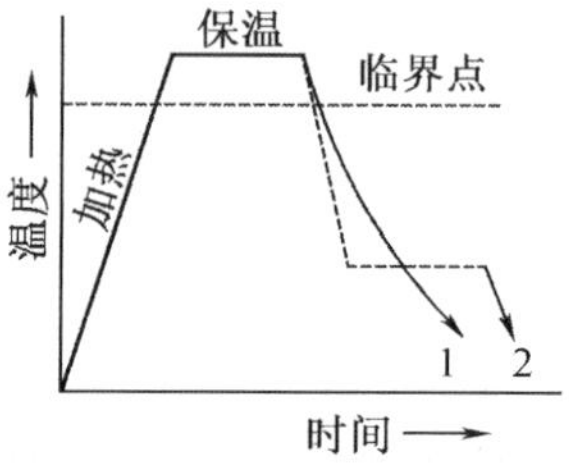

图4－2－1　两种冷却方式示意图

一、共析钢过冷奥氏体C曲线

将奥氏体化后的共析钢快速冷至临界点以下的某一温度等温停留，并测定奥氏体转变量与时间的关系，即可得到过冷奥氏体等温转变动力学曲线。将各个温度下转变开始和终了时间标注在温度－时间坐标中并连成曲线，即得到共析钢的过冷奥氏体等温转变曲线，如图4－2－2所示。这种曲线形状类似字母“C”，故称为C曲线（亦称TTT图）。它不仅可以表达不同温度下过冷奥氏体转变量与时间的关系，同时也可以指出过冷奥氏体等温转变的产物。

1. C曲线上各线、区的含义

C曲线上部的水平线A_1是珠光体和奥氏体的平衡（理论转变）温度，A_1线以上为奥氏体稳定区，A_1线以下为过冷奥氏体转变区。在该区内，左边的曲线为过冷奥氏体转变开始线，该线以左为过冷奥氏体孕育区，它的长短标志着过冷奥氏体稳定性的大小；右边的曲线为冷奥氏体转变终了线，其右部为过冷奥氏体转变产物区。两条曲线之间为转变过渡区。C曲线下面的两条水平线分别表示奥氏体向马氏体转变开始温度M_s点和奥氏体向马氏体转变终了温度M_f点，两条水平线之间为马氏体和过冷奥氏体的共存区。

2. C曲线的“鼻尖”

由图4－2－2可见，共析钢在550 ℃左右孕育期最短，过冷奥氏体最不稳定，它是C曲线的“鼻尖”。在鼻尖以上，随温度下降（即过冷度增大），孕育区变短，转变加快；在鼻尖以下，随温度下降，转变所需的原子的扩散能力降低，孕育区逐渐变长，转变渐慢。

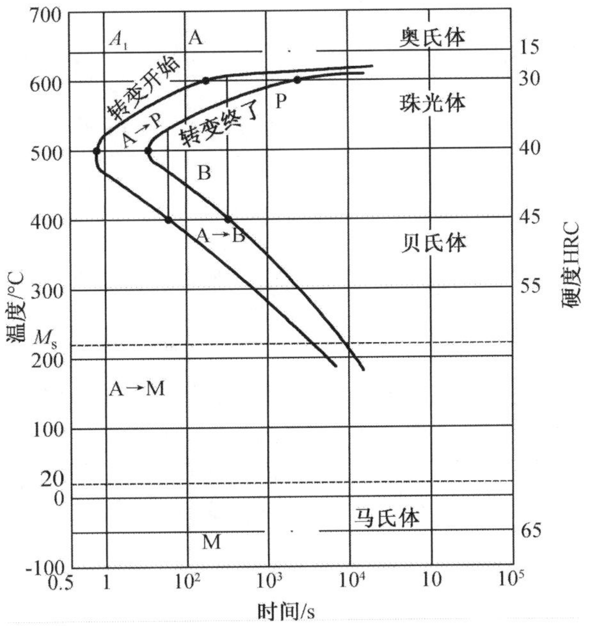

图 4－2－2　共析钢 C 曲线

二、共析钢过冷奥氏体等温转变产物的组织形态

根据过冷奥氏体转变温度的不同，C 曲线包括三个转变区。

1. 高温转变

在 A_1 ~550 ℃之间，转变产物为珠光体，此温区称珠光体转变区。珠光体是铁素体和渗碳体的机械混合物，渗碳体呈层状分布在铁素体基体上。转变温度越低，层间距越小。按层间距珠光体组织习惯上分为珠光体（P）、索氏体（S）和屈氏体（T）。它们并无本质区别，也没有严格界限，只是形态上不同。珠光体较粗，索氏体较细，屈氏体最细，它们的大致形成温度及性能见表 4－2－1。

表 4－2－1　过冷奥氏体高温转变产物的形成温度和性能

组织名称	表示符号	形成温度范围/℃	硬度	能分辨片层的放大倍数
珠光体	P	A_1 ~650	170 ~200HB	<500 ×
索氏体	S	650 ~600	25 ~35HRC	>1000 ×
屈氏体	T	600 ~550	35 ~40HRC	>2000 ×

奥氏体向珠光体的转变是一种扩散型转变（生核、长大过程），是通过 C，Fe 的扩散和晶体结构的重构来实现的。如图 4－2－3 所示，首先，在奥氏体晶界或缺陷（如位错多）密集处生成渗碳体晶核，并依靠周围奥氏体不断供给碳原子而长大；与此同时，渗碳体晶核周围的奥氏体中碳含量逐渐降低，为形成铁素体创造有利浓度条件，并最终从结构上转变为铁素体。铁素体的溶碳能力很低。在长大过程中必定将过剩碳排移到相邻奥氏体中，使其碳含量升高，这样又为生成新的渗碳体创造了有利条件。此过程反复进行，奥氏体就逐渐转

变为渗碳体和奥氏体片层相间的珠光体组织了。

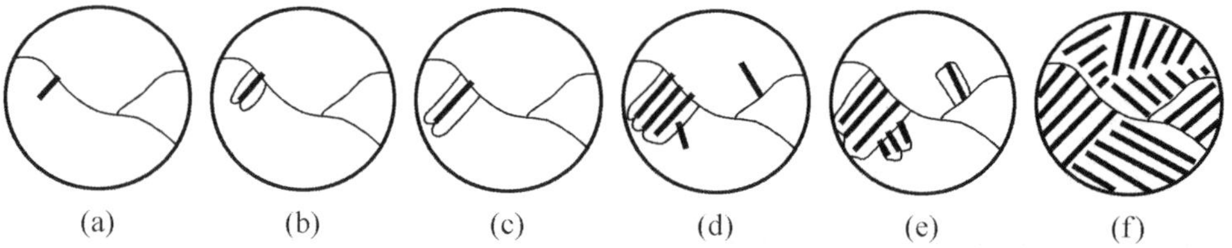

图 4-2-3　片状珠光体形成示意图

2. 中温转变

在 550 ℃ ~ M_s 之间，转变产物为贝氏体(B)，此温区称 B 转变区。B 是碳化物(Fe_3C)分布在碳过饱和的 F 基体上的两相混合物。A 向 B 的转变属于半扩散型转变，铁原子不扩散而碳原子有一定扩散能力。转变温度不同，形成的 B 形态也明显不同。通常将 550 ~ 350 ℃间形成的称上贝氏体($B_{上}$)；350 ℃ ~ M_s 间形成的叫下贝氏体($B_{下}$)。

$B_{上}$ 的形成过程是先在 A 晶界上碳含量较低的地方生成 F 晶核，然后向晶粒内沿一定方向成排长大。在 $B_{上}$ 温区内，碳有一定扩散能力，F 片长大时，它能扩散到周围的 A 中，使其富碳。当 F 片间的 A 浓度增大到足够高时，便从中析出小条状或小片状渗碳体。断续地分布在 F 片之间，形成羽毛状 $B_{上}$。

$B_{下}$的形成过程是 F 晶核首先在 A 晶界、孪晶界或晶内某些畸变较大的地方生成，然后沿 A 的一定晶向呈针状长大。$B_{下}$的转变温度较低、碳原子的扩散能力较小，不能长距离扩散，只能在 F 针内沿一定晶面以细碳化物粒子的形式析出。在光学显微镜下，$B_{下}$为黑色针状组织。

B 的机械性能与其形态有关。$B_{上}$ 在较高温度形成，其 F 片较宽，塑性变形抗力较低；同时，渗碳体分布在 F 片之间，容易引起脆断，因此强度和韧性都较差。$B_{下}$ 形成温度较低，其 F 针细小，无方向性，碳的过饱和度大，位错密度高，且碳化物分布均匀，弥散度大，所以硬度高，韧性好，具有较好的综合机械性能，是一种很有应用价值的组织。

3. 低温转变

(1)马氏体的转变过程　在 M_s ~ M_f 之间，转变产物为马氏体(M)，此温区称 M 转变区。M 转变是指钢从 A 体状态快速冷却，来不及发生扩散分解而产生的无扩散型转变，由于 M 转变的无扩散性，因而 M 的化学成分与母相 A 完全相同。如共析钢的 A 体碳浓度为 0.8%，它转变成的 M 的碳浓度也为 0.8%，显然 M 是碳在 α - Fe 中的过饱和间隙固溶体。M 转变是通过共格切变和原子的微小调整来向 α 相转变(属复杂转变，此处不赘述)的。由于没有原子的扩散，所以固溶于 A 中的碳原子被迫保留在 α 相的晶格中，造成晶格的严重畸变，成为具有一定正方度(即 c/a)的体心正方晶格，M 正方度的大小，取决于 M 中的含碳量，含碳量越高，正方度越大。

(2)M 的形态　主要有两种，即板条状 M 和针片 M。M 的形态主要取决于 M 含碳量，含碳量低于 0.20% 时，M 几乎完全为板条状；含碳量高于 1.0% 时，M 基本为针片状；含碳量介于 0.20 ~ 1.0% 之间时，M 为板条状和针片状的混合组织。

板条状 M 的立体形态呈细长的板条状。显微组织中，板条 M 成束状分布，一组尺寸大致相同并平行排列的板条构成一个板条束。板条束内的相邻板条之间以小角度晶界分开，束与束之间具有较大的位向差。在板条状 M 内，存在着高密度位错构成的亚结构，因此板条状 M 又称为位错 M。

针片状 M 的立体形态呈凸透镜状，显微组织为其截面形态，常呈片状或针状。针片状 M 之间交错成一定角度。由于 M 晶粒一般不会穿越 A 晶界，最初形成的 M 针片往往贯穿整个 M 晶粒，较为粗大；后形成的 M 针片则逐渐变细、变短。由于针片状 M 内的亚结构主要为孪晶，故又称它为孪晶 M。

(3) M 的性能　高硬度是 M 的主要特点。M 的硬度主要受含碳量的影响，在含碳量较低时，M 硬度随含碳量的增加而迅速上升；当含碳量超过 0.6% 之后，M 硬度的变化趋于平缓。含碳量对 M 硬度的影响主要是由于过饱和碳原子与 M 中的晶体缺陷交互作用引起的固溶强化所造成。板条 M 中的位错和针片状 M 中的孪晶也是强化的重要因素，尤其是孪晶对针片状 M 的硬度和强度影响更大。

一般认为 M 的塑性和韧性都很差，实际只有针片状 M 硬而脆，而板条 M 则具有较好的韧性。尽可能细化 A 晶粒，以获得细小的 M 组织，这是提高 M 韧性的有效途径。

三、影响 C 曲线的因素

C 曲线的位置和形状决定于过冷奥氏体的稳定性、等温转变速度及转变产物的性质。因此，凡是影响 C 曲线位置和形状的因素都会影响过冷奥氏体的等温转变。影响 C 曲线位置和形状的主要因素是奥氏体的成分与奥氏体化条件。

1. 含碳量的影响　亚共析钢和过共析钢 C 曲线的上部各多出了一条先共析相析出线，它表示在发生 P 转变之前，亚共析钢中要先析出 F，过共析钢中要先析出渗碳体。在正常热处理条件下，亚共析钢的 C 曲线随含碳量的增加而右移，过共析钢的 C 曲线随含碳量的增加而左移。这是由于亚共析钢过冷 A 的含碳量越高，先共析 F 析出速度越慢；过共析钢含碳量越高，未溶渗碳体越多，越有利于过冷 A 分解的缘故。

2. 合金元素的影响　除 Co 以外的所有合金元素，当其溶入 A 后都能增加过冷奥氏体稳定性，使 C 曲线右移。当过冷 A 中含有较多的 Cr，Mo，W，V，Ti 等碳化物形成元素时，C 曲线的形状还发生变化，甚至 C 曲线分离成上下两部分，形成两个"鼻子"，中间出现一个过冷 A 体较为稳定的区域。当强碳化物形成元素含量较多时，若在钢中形成稳定的碳化物，在 A 化过程中不能全部溶解，而以残留碳化物的形式存在，它们会降低过冷 A 的稳定性，使 C 曲线左移。

3. 加热温度和保温时间　随着加热温度的升高和保温时间延长，碳化物溶解愈完全，A 成分愈均匀，A 晶粒愈粗大，晶界面积愈少，都降低过冷 A 转变的形核率，使其稳定性增大。从而 C 曲线右移。

四、过冷奥氏体连续冷却转变曲线

生产中大多数情况下 A 为连续冷却转变，所以钢的连续冷却转变曲线（或 CCT 曲线）更有实际意义。为此，将钢加热到 A 状态，以不同速度冷却，测出其 A 转变开始点和终了点的温度和时间，并标在温度－时间（对数）坐标系中，分别连接开始点和终了点，即可得到连续冷却转变曲线（见图 4－2－4）。图中，P_s 线为过冷 A 转变为 P 的开始线，P_f 线为转变终了线，两线之间为转变的过渡区。KK' 线为转变的中止线，当冷却到达此线时，过冷 A 中止转变。

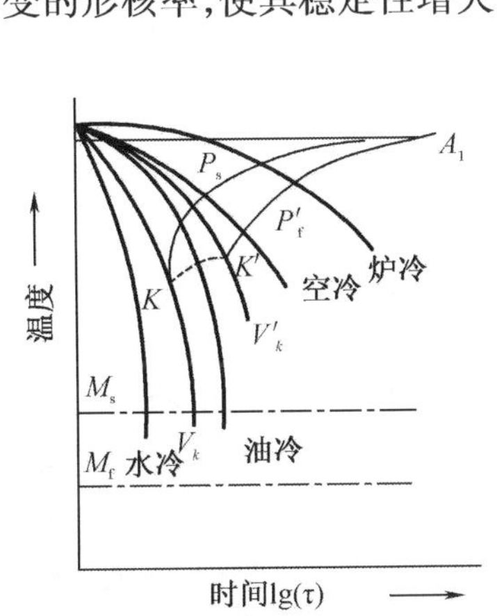

图 4－2－4　共析钢 CCT 曲线

由图可知，共析钢以大于 V_k 的速度冷却时，由于遇不到 P 转变线，得到的组织为 M，这个冷却速度称为上临界冷却速度。V_k 越小，钢越易得到 M。冷却速度小于 V'_k 时，钢将全部转变为 P。V'_k 称为下临界冷却速度。V'_k 愈小，退火所需的时间愈长。冷却速度处于 $V_k - V'_k$ 之间（例如油冷）时，在到达 KK' 线之前，A 部分转变为 P，从 KK' 线到 M_s 点，剩余的 A 停止转变，直到 M_s 点以下时，才开始转变为 M，过 M_f 点后 M 转变完成。

五、CCT 曲线和 C 曲线的比较与应用

如图 4-2-5，实线为共析钢的 C 曲线，虚线为 CCT 曲线。由图可知：

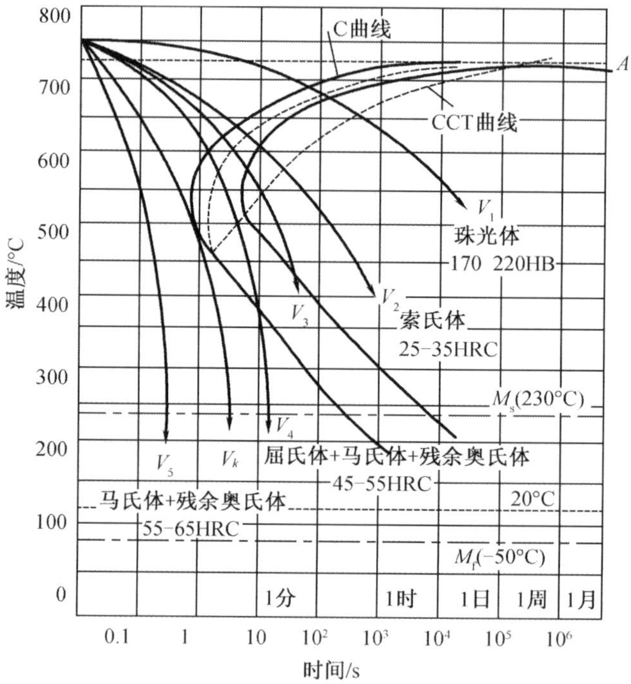

图 4-2-5　CCT 曲线和 C 曲线的比较

（1）连续冷却转变曲线位于等温转变曲线的右下方，表明连续冷却时，A 完成 P 转变的温度要低些，时间要长一些。根据实验，等温转变的临界冷却速度大约为连续冷却转变的1.5倍。

（2）连续冷却转变曲线中没有 A 转变为 B 的部分，所以共析碳钢在连续冷却时得不到 B 组织，B 组织只能在等温处理时得到。

（3）过冷 A 连续冷却转变产物不可能是单一、均匀的组织。

（4）连续冷却转变曲线可直接用于制定热处理工艺规范，但由于等温转变曲线比较容易测定，也能较好地说明连续冷却时的组织转变，所以应用都很广泛，而后者应用更多些。

例如，图 4-2-5 中，V_1，V_2，V_3，V_4 和 V_5 为共析钢的五种连续冷却速度的冷却曲线。V_1 相当于在炉内冷却时的情况（退火），与 C 曲线相交在 700～650 ℃范围内，转变产物为 P。V_2 和 V_3 相当于两种不同速度空冷时的情况（正火），与 C 曲线相交于 650～600 ℃，转变产物为细 P（S 和 T）。V_4 相当于油冷时的情况（油中淬火），在达到 550 ℃以前与 C 曲线的转变开始线相交，并通过 M_s 线，转变产物为 T，M 和残余 A。V_5 相当于水冷时的情况（水中淬火），不与 C 曲线相交，直接通过 M_s 线冷至室温，转变产物为 M 和残余 A。

上述根据 C 曲线分析的结果，与根据 CCT 曲线分析的结果是一致的（见图中各冷却速度曲线与 CCT 曲线的关系）。

单元三　钢的退火与正火

退火和正火是应用最为广泛的热处理工艺。在机械零件和工、模具的制造加工过程中，退火和正火往往是不可缺少的先行工序，具有承前启后的作用。机械零件及工、模具的毛坯退火或正火后，可以消除或减轻铸件、锻件及焊接件的内应力与成分、组织的不均匀性，从而改善钢件的机械性能和工艺性能，为切削加工及最终热处理（淬火）做好组织、性能准备。一些对性能要求不高的机械零件或工程构件，退火和正火亦可作为最终热处理。

一、退火

将组织偏离平衡状态的钢件加热到适当的温度，经过一定时间保温后缓慢冷却（一般为随炉冷却），以获得接近平衡状态组织的热处理工艺称为退火。其主要目的如下：

（1）调整硬度以便进行切削加工。经适当退火后，可使工件硬度调整到 170 ~ 250HBS，该硬度值具有最佳的切削加工性能。

（2）减轻钢的化学成分及组织的不均匀性（如偏析等），以提高工艺性能和使用性能。

（3）消除残余内应力（或加工硬化），可减少工件后续加工中的变形和开裂。

（4）细化晶粒，改善高碳钢中碳化物的分布和形态，为淬火做好组织准备。

退火工艺种类很多，常用的有完全退火、等温退火、球化退火、扩散退火、去应力退火及再结晶退火等。不同退火的加热温度范围的工艺如图 4 – 3 – 1 所示，它们有的加热到临界点以上，有的加热到临界点以下。对于加热温度在临界点以上的退火工艺，其质量主要取决于加热温度、保温时间、冷却速度及等温温度等。对于加热温度在临界点以下的退火工艺，其质量主要取决于加热温度的均匀性。

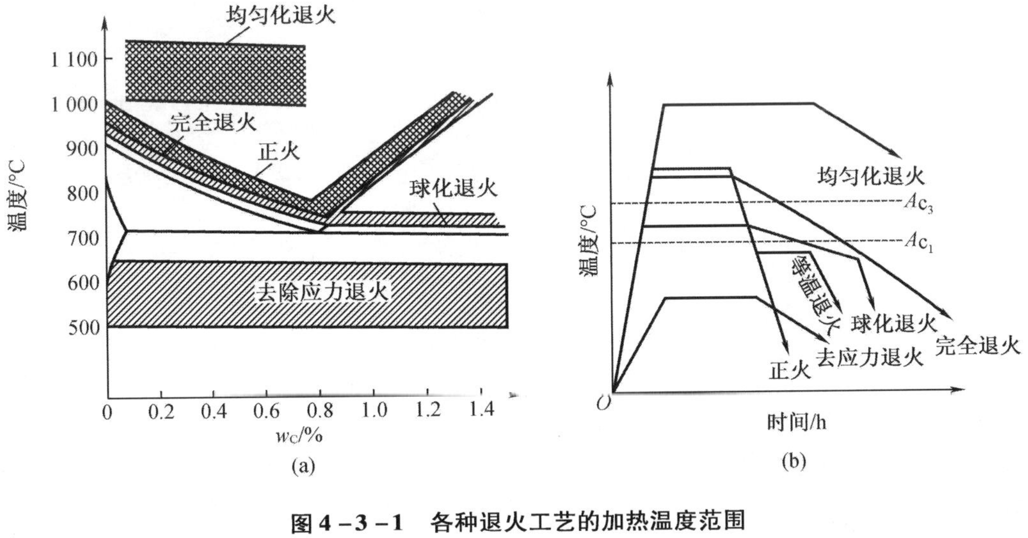

图 4 – 3 – 1　各种退火工艺的加热温度范围

(a) 加热温度范围；(b) 工艺曲线

1. 完全退火

完全退火(又称重结晶退火)是将亚共析钢加热到 Ac_3 以上 30～50 ℃,保温一定时间后随炉缓慢冷却或埋入石灰和砂中冷却,以获得接近平衡组织的一种热处理工艺。它主要用于亚共析钢,其主要目的是细化晶粒、均匀组织、消除内应力、降低硬度和改善钢的切削加工性能。低碳钢和过共析钢不宜采用完全退火。低碳钢完全退火后硬度偏低,不利于切削加工。过共析钢完全退火,加热温度在 Ac_{cm} 以上,会有网状二次渗碳体沿奥氏体晶界析出,造成钢的脆化。

2. 等温退火

等温退火是将钢件或毛坯加热到高于 Ac_3(含碳 0.3%～0.8% 亚共析钢)以上 30～50 ℃或 Ac_1(含碳 0.8%～1.2% 过共析钢)以上 10～20 ℃的温度,保温适当时间后较快地冷却到 P 区的某一温度,并等温保持,使 A 转变为 P 组织,然后缓慢冷却的热处理工艺。

完全退火所需时间很长,特别是对于某些 A 比较稳定的合金钢,往往需要几十小时,为了缩短退火时间,可采用等温退火。图 4－3－2 为高速钢的完全退火与等温退火的比较,可见等温退火所需时间比完全退火缩短很多。等温退火的等温温度(Ar_1 以下某一温度)应根据要求的组织和性能由被处理钢的 C 曲线来确定。温度越高(距 A_1 越近)则 P 组织越粗大,钢的硬度越低;反之,则硬度越高。

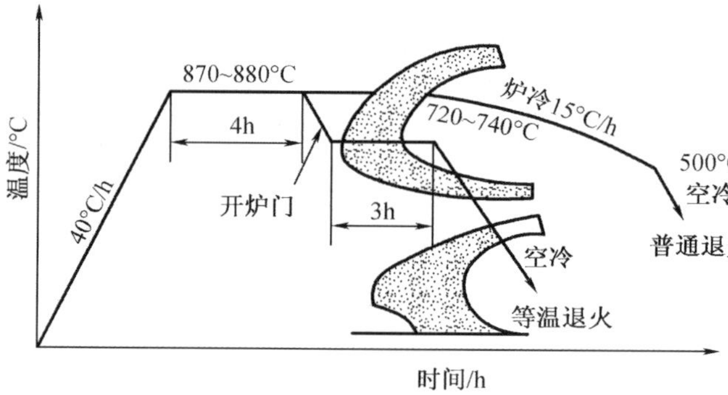

图 4－3－2　高速钢的等温退火与完全退火的比较

3. 球化退火

球化退火是将钢件加热到 Ac_1 以上 20～30 ℃,充分保温使未溶二次渗碳体球化,然后随炉缓慢冷却或在 Ar_1 以下 20 ℃左右进行长期保温,使 P 中渗碳体球化(退火前用正火将网状渗碳体破碎),随后出炉空冷的热处理工艺。

主要用于共析钢和过共析钢,如工具钢、滚珠轴承钢等,其主要目的在于降低硬度,改善切削加工性能;并为以后的淬火做组织准备。

近年来,球化退火也应用于亚共析钢并取得较好效果,并有利于冷变形加工。

4. 扩散退火

扩散退火(或均匀化退火)是将钢锭、铸钢件或锻坯加热到略低于固相线的温度,长时间保温,然后缓慢冷却,以消除化学成分和组织不均匀现象的一种热处理工艺。扩散退火加热温度为 Ac_3 以上 150～250 ℃(通常为 1 100～1 200 ℃),具体加热温度视钢种及偏析程度而定,保温时间一般为 10～15 h。

扩散退火后钢的晶粒非常粗大,需要再进行完全退火或正火。由于高温扩散退火生产周期长、消耗能量大、生产成本高，所以一般不轻易采用。

5. 去应力退火

去应力退火是将钢件加热到低于 Ac_1 的某一温度（一般为 500 ~ 650 ℃），保温，然后随炉冷却，从而消除冷加工以及铸造、锻造和焊接过程中引起的残余内应力而进行的热处理工艺。去应力退火能消除内应力 50 ~ 80CrMnTi，不引起组织变化。还能降低硬度，提高尺寸稳定性，防止工件的变形和开裂。

二、正火

将钢件加热到 Ac_3（对于亚共析钢）和 Ac_{cm}（对于过共析钢）以上 30 ~ 50 ℃，保温适当时间后，在自由流动的空气中均匀冷却，得到珠光体类组织（一般为 S）的热处理称为正火。对于某些合金钢（如 18CrMnTi 钢），由于钢中含有碳化物形成元素，为了能较快地溶入奥氏体，故加热到 Ac_3 以上 100 ~ 150 ℃进行正火称为高温正火。

1. 正火与退火的区别

正火的冷却速度较退火快，得到的珠光体组织的片层间距较小，珠光体更为细薄，目的是使钢的组织正常化，所以亦称常化处理。例如，含碳小于 0.4% 时，可用正火代替完全退火；正火和完全退火相比，能获得更高的强度和硬度。正火生产周期较短，设备利用率较高，节约能源，成本较低，因此得到了广泛的应用。

2. 正火在生产中的应用

（1）作为最终热处理。

①可以细化奥氏体晶粒，使组织均匀化。②减少亚共析钢中铁素体含量，使珠光体含量增多并细化，从而提高钢的强度、硬度和韧性。③对于普通结构钢零件，如含碳 0.4% ~ 0.7% 时，并且机械性能要求不很高时，可以正火作为最终热处理。④为改善一些钢种的板材、管材、带材和型钢的机械性能，可将正火作为最终热处理。

（2）作为预先热处理。

①截面较大的合金结构钢件，在淬火或调质处理（淬火加高温回火）前常进行正火，以消除魏氏组织和带状组织，并获得细小而均匀的组织。②对于过共析钢可减少二次渗碳体量，并使其不形成连续网状，为球化退火做组织准备。③对于大型锻件和较大截面的钢材，可先正火而为淬火作好组织准备。

（3）改善切削加工性能。

低碳钢或低碳合金钢退火后硬度太低，不便于切削加工。正火可提高其硬度，改善其切削加工性能。

（4）改善和细化铸钢件的铸态组织。

（5）对某些大型、重型钢件或形状复杂、截面有急剧变化的钢件，若采用淬火的急冷将发生严重变形或开裂，在保证性能的前提下可用正火代替淬火。

单元四　钢的淬火与回火

钢的淬火与回火是热处理工艺中最重要、用途最广的工序，一般作为工件的最终热处理赋予工件最终的性能，是强化钢材的重要手段之一。

一、钢的淬火

淬火就是把钢加热到临界温度（Ac_3 或 Ac_1）以上，保温一定时间使之奥氏体化后，再以大于临界冷却速度的冷速急剧冷却，从而获得马氏体的热处理工艺。

1. 钢的淬火工艺

（1）淬火温度的选择

如图 4－4－1 所示。亚共析钢的淬火温度为 $Ac_3+30\sim50$℃；共析钢和过共析钢的淬火温度为 $Ac_1+30\sim50$ ℃。

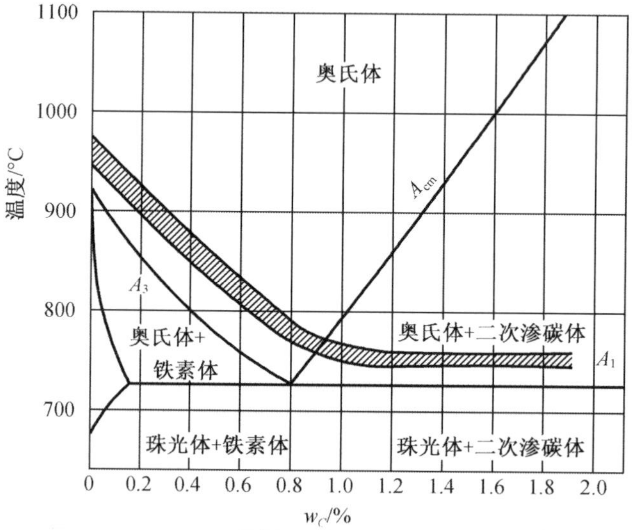

图 4－4－1　钢的淬火温度范围

亚共析钢必须加热到 Ac_3 以上，否则淬火组织中会保留自由 F，使其硬度降低。

过共析钢加热到 Ac_1 以上时，组织中会保留少量二次渗碳体，而有利于钢的硬度和耐磨性，并且，由于降低了 A 中的碳含量，可以改变 M 的形态，从而降低 M 的脆性。此外，还可减少淬火后残余奥氏体的量。

而且，淬火温度太高时，会形成粗大的马氏体，使机械性能恶化；同时也增大淬火应力，使变形和开裂倾向增大。

对于合金钢，由于大多数合金元素有阻碍奥氏体晶粒长大的作用，所以淬火温度可以稍微提高一些，以利于合金元素的溶解和均匀化。

（2）加热时间的确定

加热时间包括升温和保温两个阶段。通常以装炉后炉温达到淬火温度所需时间为升温阶段，并以此作为保温时间的开始；保温阶段是指钢件烧透并完成 A 化所需的时间。

加热时间受钢件成分、尺寸和形状、装炉量、加热炉类型、炉温和加热介质等因素的影响。可根据热处理手册中介绍的经验公式来估算，也可由实验来确定。

（3）淬火冷却介质

加热至奥氏体状态的钢件必须在冷速大于临界冷却速度的情况下才能得到预期的马氏体组织，即希望在 C 曲线鼻子附近的冷速愈大愈好。但在 M_s 点以下，为了减少因马氏体形成而造成的组织应力，又希望冷速尽量小一些。因此人们希望能有如图 4－4－2 所示的理想冷却曲线。它既能保证钢件淬火,又不致引起太大的变形,但至今还未找到这样理想的冷却介质。

常用的冷却介质是水和油:

①水在 650 ~ 550 ℃范围冷却能力较大,在 300 ~ 200 ℃范围也较大。因此易造成零件的变形和开裂,这是它的最大缺点。提高水温能降低 650 ~ 550 ℃范围的冷却能力,但对 300 ~ 200 ℃的冷却能力几乎没有影响。这既不利于淬硬,也不能避免变形,所以淬火用水的温度控制在 30 ℃以下。但水既经济又可循环使用,因此水在生产上主要用于形状简单、截面较大的碳钢零件的淬火。水中加入某些物质如 NaCl,NaOH,Na_2CO_3 和聚乙烯醇等,能改变其冷却能力以适应一定淬火用途的要求。

②淬火用油为各种矿物油(如锭子油、变压器油等)。它的优点是在 200 ~ 300 ℃范围冷却能力低,有利于减少钢件的变形和开裂;缺点是在 650 ~ 550 ℃范围冷却能力也低,不利于钢件的淬硬,所以油一般作为合金钢的淬火介质。另外,油温不能太高,以免其黏度降低,流动性增大而提高冷却能力;油超过燃点易引起着火;油长期使用会老化,应注意维护。

(4)淬火方法

常用的淬火方法有单介质淬火,双介质淬火,分级淬火和等温淬火等,见图 4 -4 -2。

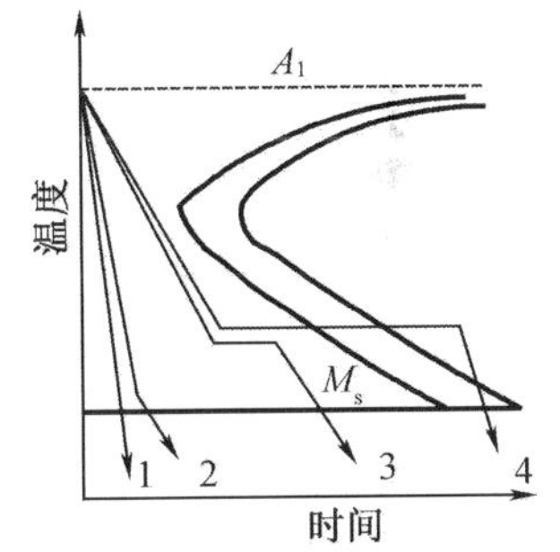

图 4 -4 -2　不同淬火方法示意图

①单介质淬火法　钢件奥氏体化后,在一种介质中冷却,如图 4 -4 -2 曲线 1 所示。淬透性小的钢件在水中淬火;淬透性较大的合金钢件及尺寸很小的碳钢件(直径小于 3 ~ 5 mm)在油中淬火。

单介质淬火法操作简单,易实现机械化,应用较广。缺点是水淬变形开裂倾向大;油淬冷却速度小,淬透直径小,大件淬不硬。

②双介质淬火　钢件 A 化后,先在一种冷却能力较强的介质中冷却,冷却到 300 ℃左右后,再淬入另一种冷却能力较弱的介质中冷却。例如,先水淬后油冷,先水冷后空冷等。这种淬火操作如图 4 -4 -2 曲线 2 所示。

双介质淬火的优点是马氏体转变时产生的内应力小,减少了变形和开裂的可能性。缺点是操作复杂,要求操作人员有实践经验。

③分级淬火　钢件 A 化后,迅速淬入稍高于 M_s 点的液体介质(盐浴或碱浴)中,保温适当时间,待钢件内外层都达到介质温度后出炉空冷,操作如图 4 -4 -2 曲线 3 所示。

分级淬火能有效地减少热应力和相变应力,降低工件变形和开裂的倾向,所以可用于形状复杂和截面不均匀的工件的淬火。但受熔盐冷却能力的限制,它只能处理小件(碳钢件直径小于 10 ~ 12 mm;合金钢件直径小于 20 ~ 30 mm),常用于刀具的淬火。

④等温淬火　钢件 A 化后,淬火温度稍高于 M_s 点的熔炉中,保温足够长的时间,直至奥氏体完全转变为下贝氏体,然后出炉空冷,操作如图 4 -4 -2 曲线 4 所示。

等温淬火大大降低钢件的内应力,减少变形,适用于处理形状复杂和精度要求高的小件,如弹簧、螺栓、小齿轮、轴及丝锥等;也可用于高合金钢较大截面零件的淬火。其缺点是生产周期长、生产效率低。

(5)淬火时易出现的缺陷及防止措施

淬火时易出现的缺陷:

①淬火后硬度不足或出现软点

产生这类缺陷的主要原因有:a. 亚共析钢加热温度低或保温时间不充分,淬火组织中残留有 F;b. 加热时钢件表面发生氧化、脱碳,淬火后局部生成非 C 组织;c. 淬火时冷速不足或冷却不均匀,未全部得到 M 组织;d. 淬火介质不清洁,工件表面不干净,影响了工件的冷却速度,致使未能完全淬硬。

② 变形和开裂

这是常见的两种缺陷,是由淬火应力引起的。淬火应力包括热应力(即淬火钢件内部温度分布不均所引起的内应力)和组织应力(即淬火时钢件各部转变为 M 时体积膨胀不均匀所引起的内应力)。淬火应力超过钢的屈服极限时,引起钢件变形;淬火应力超过钢的强度极限时,则引起开裂。

变形不大的零件,可在淬火和回火后进行校直,变形较大或出现裂纹时,零件只能报废。

减少和防止变形、开裂的主要措施:

a. 正确选材和合理设计。对于形状复杂、截面变化大的零件,应选用淬透性好的钢种,以便采用油冷淬火。在零件结构设计中,必须考虑热处理的要求,如尽量减少不对称性、避免尖角等。b. 淬火前进行退火或正火,以细化晶粒并使组织均匀化,减少淬火产生的内应力。c. 淬火加热时严格控制加热温度,防止过热使 A 晶粒粗化,同时也可减小淬火时的热应力。d. 采用适当的冷却方法。如采用双介质淬火、分级淬火或等温淬火等。淬火时尽可能使零件冷却均匀。厚薄不均的零件,应先将厚的部分淬入介质中。薄件、细长件和复杂件,可采用夹具或专用淬火压床进行冷却。e. 淬火后及时回火,以消除应力,提高工件的韧性。

2. 钢的淬透性与淬硬性

淬透性是钢的一个重要的热处理工艺性能,它是根据使用性能合理选择钢材和正确制定热处理工艺的重要依据。

钢的淬透性是指奥氏体化后的钢在淬火时获得马氏体的能力,其大小可用钢在一定条件下淬火获得淬透层深度表示。淬透层越深,表明钢的淬透性越好。

一定尺寸的工件在某种冷却介质中淬火时,其淬透层的深度与工件从表面到心部各点的冷却速度有关。若工件心部的冷却速度能达到或超过钢的临界冷却速度 V_k,则工件从表面到心部均能得到马氏体组织,这表明工件已淬透。若工件心部的冷却速度达不到 V_k,仅外层冷却速度超过 V_k,则心部只能得到部分马氏体或全部非马氏体组织,这表明工件未淬透。在这种情况下,工件从表到里是由一定深度的淬透层和未淬透的心部组成。显然钢的淬透层深度与钢件尺寸及淬火介质的冷却能力有关。工件尺寸越小,淬火介质冷却能力越强,则钢的淬透层深度越大;反之,工件尺寸越大,介质冷却能力越弱,则钢的淬透层深度就越小。

在钢件未淬透时,如何判定淬透层的深度呢?按理,淬透层的深度应是钢件表层全部 M 区域的厚度。但是在实际测定中很难准确掌握这个标准,因为在金相组织上淬透层与未淬透区并无明显的界线,淬火组织中有少量非 M(如 5% ~10% T)时,其硬度值也无明显变化。当淬火组织中非 M 达到一半时,硬度发生显著变化,显微组织观察也较为方便。因此,淬透层深度通常为淬火钢件表面至半 M 区(50% M)的距离。

钢的淬透性在本质上取决于过冷 A 的稳定性。过冷 A 越稳定,临界冷却速度越小,钢件在一定条件下淬火后得到的淬透层深度越大，则钢的淬透性越好。因此，凡是影响过冷 A 稳定性的因素，都影响钢的淬透性。过冷 A 的稳定性主要决定于钢的化学成分和 A 化温度。也就是说，钢的含碳量、合金元素及其含量以及淬火加热温度是影响淬透性的主要因素。

需要特别强调两个问题，一是钢的淬透性与具体工件的淬透层深度的区别。淬透性是钢的一种工艺性能，也是钢的一种属性，对于一种钢在一定的奥氏体化温度下淬火时，其淬透性是确定不变的。钢的淬透性的大小用规定条件下的淬透层深度表示。而具体工件的淬透层深度是指在实际淬火条件下得到的半马氏体区至工件表面的距离，是不确定的，它受钢的淬透性、工件尺寸及淬火介质的冷却能力等诸多因素的影响。二是淬透性与碎硬性的区别。淬硬性是指钢在淬火时的硬化能力，用淬火后马氏体所能达到的最高硬度表示，它主要取决于马氏体中的含碳量。淬透性和淬硬性并无必然联系，如过共析碳钢的淬硬性高，但淬透性低；而低碳合金钢的淬硬性虽然不高，但淬透性很好。

二、钢的回火

钢件淬火后，为了消除内应力并获得所要求的组织和性能，将其加热到 Ac_1 以下的某一温度，保温一定时间，然后冷却到室温的热处理工艺叫作回火。

淬火钢一般不直接使用，必须进行回火。这是因为：①淬火后得到的是性能很脆的马氏体组织，并存在有内应力，容易产生变形和开裂；②淬火马氏体和残余奥氏体都是不稳定组织，在工作中会发生分解，导致零件尺寸的变化，而这对于精密零件是不允许的；③为了获得要求的强度、硬度、塑性和韧性，以满足零件的使用要求。

1. 钢的回火组织转变

共析钢淬火后得到的是不稳定的 M 和残余 A，它们有着向稳定组织转变的自发倾向。回火加热能促进这种自发的转变过程。随回火温度的提高，回火可分为四个阶段：

第一阶段（200 ℃以下）马氏体分解　在 200 ℃以下加热时，M 中的碳以 ε 碳化物的形式析出，而使过饱和度减小，正方度降低。ε 碳化物是极细的并与母体保持共格联系的薄片，晶格结构为正交晶格，分子式为 $Fe_{2.4}C$。这时的组织为回火 M。

第二阶段（200～300 ℃）残余 A 分解　M 不断分解为回火 M，体积缩小，降低了对残余 A 的压力，使其在此温度区内转变为下 B。下 B 和回火 M 本质是相似的。残余 A 从 200 ℃开始分解；到 300 ℃基本完成，得到的下 B 不多，所以这个阶段的组织仍主要是回火 M。

第三阶段（250～400 ℃）回火 M 的形成　M 和残余 A 在 250 ℃以下分解形成 ε 碳化物和较低过饱和度的 α 固溶体后，继续升高温度时，因碳原子的扩散析出能力增大，过饱和固溶体很快转变成 F；同时亚稳定的 ε 碳化物也逐渐转变为稳定的渗碳体，并与母相失去共格联系，使淬火时晶格畸变所保存的内应力大大消除。此阶段到 400 ℃时基本完成，其所形成的尚未再结晶的 F 和细粒状渗碳体的混合物叫作回火 T。

第四阶段（400 ℃以上）碳化物的聚集长大　回火 T 中的 α 固溶体已恢复为平衡碳浓度的 F，但此 F 仍保留着原 M 的针状外形，并且针状晶体内位错密度很高。所以与塑性变形的金属相似，针状 F 基体在回火加热过程中。也会发生回复和再结晶过程。开始回复的温度不易测出，但高于 400 ℃时，回复已很明显。随着回火温度的继续升高，逐渐发生再结晶过程，最后形成位错密度较低的等轴晶粒的 F 基体。与此同时，渗碳体粒子不断聚集长大，于约 400 ℃时聚集球化，600 ℃以上时迅速粗化。如此所形成的多边形 F 和粒状渗碳体的混合物就叫作回火 S。

2. 回火的分类与应用

淬火钢回火后的组织和性能决定于回火温度。按回火温度范围的不同,可将钢的回火分为三类:

(1)低温回火(150～250 ℃)　所得组织为回火马氏体。淬火钢经低温回火后仍保持高硬度(58～64HRC)和高耐磨性。其主要目的是为了降低淬火应力和脆性。各种高碳工、模具及耐磨零件通常采用低温回火。

(2)中温回火(350～500 ℃)　所得组织为回火屈氏体。淬火钢经中温回火后,硬度为35～45HRC,具有较高的弹性极限和屈服极限,并有一定的塑性和韧性。中温回火主要用于各种弹簧的处理。如 65 钢弹簧一般在 380 ℃左右回火。

(3)高温回火(500～650 ℃)　所得组织为回火索氏体,硬度为 25～35HRC。淬火钢经高温回火后,在保持较高强度的同时,又具有较好的塑性和韧性,即综合机械性能较好。人们通常将中碳钢的淬火加高温回火的热处理称为调质处理。它广泛应用于处理各种重要的结构零件,如在交变载荷下工作的连杆、螺栓、齿轮及轴类等。

3. 回火脆性

回火温度升高时,钢的冲击韧性变化规律如图 4－4－3 所示。在 250～400 ℃和 450～650 ℃两个区间冲击韧性明显下降,这种脆化现象称为钢的回火脆性。

①低温回火脆性(第一类回火脆性)

在 250～400 ℃间回火时出现的脆性叫低温回火脆性。几乎所有的钢都存在这类脆性,称为不可逆回火脆性。产生的主要原因是,在 250 ℃以上回火时,碳化物薄片沿板条 M 的板条边界或针状 M 的孪晶带和晶界析出,破坏了 M 之间的连接,降低了韧性。在这样的温度下残余 A 的分解也增进脆性,但它不是产生低温回火脆性的主要原因。

为了防止这类脆性,一般是不在该温度范围内回火,或采用等温淬火处理。钢中加入少量硅,可使此脆化温区提高。

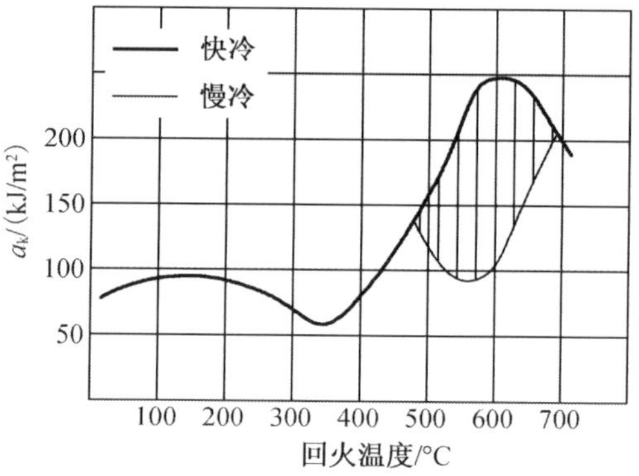

图 4－4－3　钢的韧性与回火温度的关系

②高温回火脆性(第二类回火脆性)

在 450～650 ℃间回火时出现的脆性称为高温回火脆性。它与加热、冷却条件有关。加热至 600 ℃以上后,慢速冷却通过此温区时出现脆性;快速通过时不出现脆性。在脆化温度长时间保温后,即使快冷也会出现脆性。将已产生脆性的工件重新加热至 600 ℃以上快冷时,又可消除脆性。如再次加热至 600 ℃以上慢冷,则脆性又再次出现。所以此脆性称为可逆回火脆性。

高温回火脆性的断口为晶间断裂。一般认为,产生高温回火脆性的主要原因是 Sb,Sn,P 等杂质在原奥氏体晶界上偏聚。钢中 Ni,Cr 等合金元素促进杂质的这种偏聚,而且本身也能发生晶界偏聚,因此增大了产生回火脆性的倾向。

防止高温回火脆性的方法是:尽量减少钢中杂质元素的含量;或者加入 Mo 等能抑制晶界偏聚的合金元素。

单元五　钢的表面热处理

在机器当中，有些零件要承受扭转和弯曲等交变载荷，以及强烈的摩擦和冲击，如齿轮、凸轮、凸轮轴、主轴、活塞销等。为了保证这类零件的正常使用，要求零件的表面具有高的硬度和耐磨性，而心部要有较好的塑性和韧性。由于这类零件表面和心部的性能要求不同，很难通过选材来解决表面和心部的不同的性能要求，一般要采用表面热处理来实现这类零件的性能要求。

仅对钢的表面加热、冷却而不改变其成分的热处理工艺称为表面热处理。按照加热方式，有感应加热、火焰加热、激光加热、电接触加热和电解加热等表面热处理。最常用的是前三种。

一、钢的表面淬火

1. 感应加热表面淬火

(1)感应加热的基本原理

感应线圈中通以交流电时，即在其内部和周围产生与电流相同频率的交变磁场。若把工件置于磁场中，则在工件内部产生感应电流，并由于电阻的作用而被加热。由于交流电的集肤效应，感应电流在工件截面上的分布是不均匀的，靠近表面的电流密度最大，而中心几乎为零。电流透入工件表层的深度，主要与电流频率有关。对于碳钢，存在以下表达式关系：$\delta=\frac{500}{\sqrt{f}}$。式中，$\delta$ 为电流透入深度(mm)；f 为电流频率(Hz)。可见，电流频率愈高，电流透入深度愈小，加热层也愈薄。因此，通过频率的选定，可以得到不同的淬硬层深度。例如，要求淬硬层 2 ~ 5 mm 时，适宜的频率为 2 500 ~ 8 000 Hz，可采用中频发电机或可控硅变频器；对于淬硬层为 0.5 ~ 2 mm 的工件，可采用电子管式高频电源，其常用频率为 200 ~ 300 kHz；频率为 50 Hz 的工频发电机，适于处理要求 10 ~ 15 mm 以上淬硬层的工件。

(2)感应加热适用的钢种

表面淬火一般用于中碳钢和中碳低合金钢，如 45、40Cr，40MnB 钢等。这类钢经预先热处理(正火或调质)后表面淬火，心部保持较高的综合机械性能，而表面具有较高的硬度(> 50HRC)和耐磨性。高碳钢也可表面淬火，主要用于受较小冲击和交变载荷的工具、量具等。

(3)感应加热表面淬火的特点

高频感应加热时相变速度极快，一般只需几秒或几十秒钟。与一般淬火相比，其组织和性能有以下特点：

①高频感应加热时，钢的奥氏体化是在较大的过热度(Ac_3 以上 80 ~ 150 ℃)下进行的，因此晶核多，且不易长大，淬火后组织为细隐晶 M。表面硬度高，比一般淬火高 2 ~ 3HRC，而且脆性较低。

②表面层淬得 M 后，由于体积膨胀在工件表层造成较大的残余压应力，显著提高工件的疲劳强度。小尺寸零件可提高 2 ~ 3 倍，大件也可提高 20% ~ 30%。

③因加热速度快，没有保温时间，工件的氧化脱碳少。另外，由于内部未加热，工件的

淬火变形也小。

④加热温度和淬硬层厚度(从表面到半M区的距离)容易控制,便于实现机械化和自动化。

由于有以上特点,感应加热表面淬火在热处理生产中得到了广泛的应用。其缺点是设备昂贵;形状复杂的零件处理比较困难。

感应加热后,根据钢的导热情况,采用水、乳化液或聚乙烯醇水溶液喷射淬火。淬火后进行180~200 ℃低温回火,以降低淬火应力,并保持高硬度和高耐磨性。在生产中,也常采用自回火,即在工件冷却到200 ℃左右时停止喷水,利用工件内部的余热来达到回火的目的。

2. 火焰加热表面淬火

火焰加热表面淬火,是用乙炔-氧或煤气-氧等火焰加热工件表面。火焰温度很高(3 000 ℃以上),能将工件表面迅速加热到淬火温度。然后,立即用水喷射冷却。调节烧嘴的位置和移动速度,可以获得不同厚度的淬硬层。显然,烧嘴愈靠近工件表面和移动速度愈慢,表面过热度愈大,获得的淬硬层也愈厚。调节烧嘴和喷水管之间的距离也可以改变淬硬层的厚度。火焰加热表面淬火的工艺规范由试验来确定。

火焰加热表面淬火和高频感应加热表面淬火相比,具有设备简单,成本低等优点。但生产率低,零件表面存在不同程度的过热,质量控制也比较困难。因此主要适用于单件、小批量生产及大型零件(如大型齿轮、轴、轧辊等)的表面淬火。

3. 激光加热表面淬火

激光加热表面淬火是利用高功率密度的激光束扫描工件表面,将其迅速加热到钢的相变点以上,然后依靠零件本身的传热,来实现快速冷却淬火。

激光淬火的硬化层较浅,通常为0.3~0.5 mm。采用4~5 kW的大功率激光器,能使硬化层深度达3 mm。由于激光的加热速度特快,工件表层的相变是在很大过热度下进行的,因而形核率高。同时由于加热时间短,碳原子的扩散及晶粒的长大受到限制,因而得到不均匀的奥氏体细晶粒,冷却后转变成隐晶或细针状马氏体。激光淬火比常规淬火的表面硬度高15%~20%以上,可显著提高钢的耐磨性。另外,表面淬硬层造成较大的压应力,有助于其疲劳强度的提高。

由于激光聚焦深度大,在离焦点75 mm范围内的能量密度基本相同,所以激光处理对工件的尺寸及表面平整度没有严格要求,能对形状复杂的零件(例如有拐角、沟槽、盲孔的零件)进行处理。激光淬火变形非常小,甚至难以检查出来,处理后的零件可直接送装配线。另外,激光加热速度极快,表面无需保护,靠自激冷却而不用淬火介质,工件表面清洁,有利于环境保护。同时工艺操作简单,也便于实现自动化。由于具有上述一系列优点,激光表面淬火20多年来发展十分迅速,已在机械制造生产中取得了成功的应用。

二、钢的化学热处理

化学热处理是将钢件置于一定温度的活性介质中保温,使一种或几种元素渗入它的表面,改变其化学成分和组织,满足表面性能技术要求的热处理过程。按照表面渗入的元素不同,化学热处理可分为渗碳、氮化、碳氮共渗、渗硼、渗铝等。

1. 渗碳

将低碳钢放入渗碳介质中,在900~950 ℃加热保温,使活性碳原子渗入钢件表面以获得高碳浓度(约1.0%)渗层的化学热处理工艺称为渗碳。在经过适当淬火和回火处理后,可提高表面的硬度、耐磨性及疲劳强度，而使心部仍保持良好的韧性和塑性。因此渗碳主要用于同时受严重磨损和较大冲击载荷的零件，例如各种齿轮、活塞销、套筒等。渗碳钢的含碳量一般为0.1%～0.3%，常用渗碳钢有15、20Cr，20MnTi等。

(1)渗碳方法

根据渗碳剂的状态不同，渗碳方法可分为三种，固体渗碳、液体渗碳和气体渗碳。其中液体渗碳应用极少而气体渗碳应用最广泛。

①固体渗碳　将零件和固体渗碳剂装入渗碳箱中，加盖并用耐火泥密封(见图4－5－1)，然后放入炉中加热至900～950 ℃，保温渗碳。固体渗碳剂通常是一定粒度的木炭与15%～20%碳酸盐($BaCO_3$ 或 Na_2CO_3)的混合物。木炭提供所需活性碳原子，碳酸盐起催化作用，反应如下：

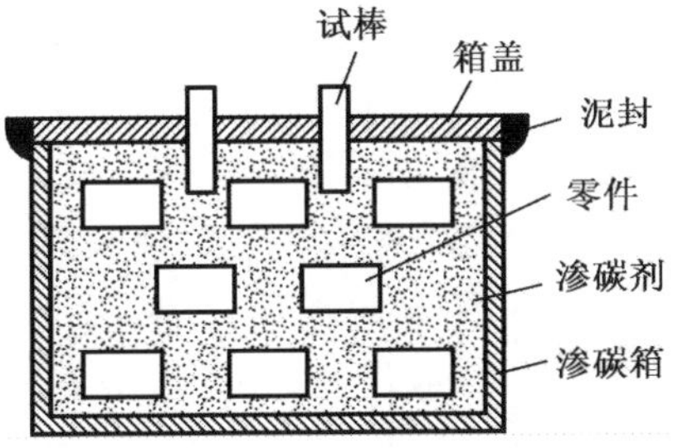

图4－5－1　固体渗碳示意图

$C+O_2 \Rightarrow CO_2$；$BaCO_3 \Rightarrow BaO+CO_2$；$CO_2+C \Rightarrow 2CO$

在渗碳温度下CO不稳定，在钢件表面分解，生成活性碳原子[C]($2CO \Rightarrow CO_2+[C]$)，被钢表面吸收。

固体渗碳的优点是设备简单，容易实现，但生产率低，劳动条件差，质量不易控制，目前应用不多。

②气体渗碳　将工件装在密封的渗碳炉中(见图4－5－2)，加热到900～950 ℃，向炉内滴入易分解的有机液体(如煤油、苯、甲醇等)，或直接通入渗碳气体(如煤气、石油液化气等)，通过下列反应产生活性碳原子，使钢件表面渗碳：

$$2CO \Rightarrow CO_2+[C]；CO_2+H_2 \Rightarrow H_2O+[C]；C_nH_{2n+2} \Rightarrow (n+1)H_2+n[C]$$

气体渗碳的优点是生产率高，劳动条件较好，渗碳过程可以控制，渗碳层的质量和机械性能较好。此外，还可实行直接淬火。

(2)渗碳工艺

渗碳工艺参数包括渗碳温度和渗碳时间等。

奥氏体的溶碳能力较大，因此渗碳加热到 Ac_3 以上。温度越高，渗碳速度越快，渗层越厚，生产率也越高。为了避免奥氏体晶粒过于粗大，渗碳温度一般采用900～950 ℃。渗碳时间则决定于对渗层厚度的要求。在900～950 ℃温度下，每保温1 h，厚度约增加0.2～0.3 mm。

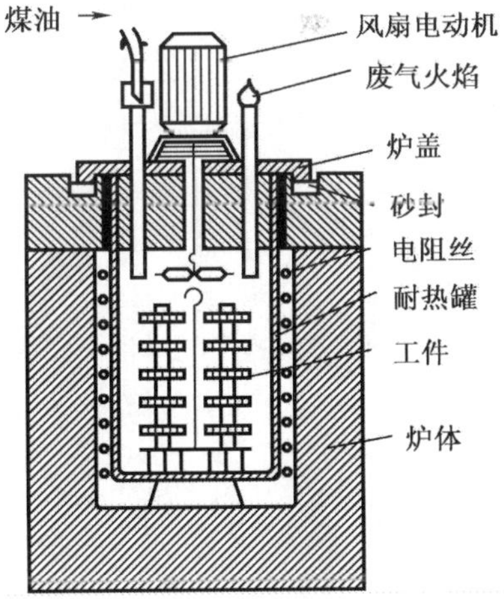

图4－5－2　气体渗碳示意图

低碳钢渗碳后缓冷下来的显微组织是表层为P和二次渗碳体，心部为原始亚共析钢组织(P＋F)，中间为过渡组织。一般规定，从表面到过渡层的一半处为渗碳层厚度。一般情况下，渗碳温度为900～950 ℃时，一般渗碳气氛条件下，渗碳层厚度(δ)主要决定于保温时间(τ)。即：

$$(K\text{为常数，可由实验确定})\delta=K\sqrt{\tau}。$$

(3)渗碳后的热处理

为了充分发挥渗碳层的作用，使渗碳件表面获得高硬度和高耐磨性，心部保持足够的强度和韧性，工件在渗碳后必须进行热处理(淬火＋低温回火)。

渗碳件的淬火方法有如下三种：

①直接淬火　即工件渗碳直接淬火(如图4－5－3(a))或预冷到830～850 ℃后淬火(如图4－5－3(b))。这种方法一般适用于气体或液体渗碳，固体渗碳时较难采用。

直接淬火具有生产效率高、工艺简单、成本低、减少工件变形及氧化脱碳等优点。但是，由于渗碳温度高、时间长，容易发生奥氏体晶粒长大，因而可能导致粗大的淬火组织及表层残余奥氏体量较多，影响工件的韧性和耐磨性。所以，直接淬火只适用于本质细晶粒钢或性能要求较低的零件。

②一次淬火　即在渗碳件缓慢冷却之后，重新加热淬火。与直接淬火相比，一次淬火可使钢的组织得到一定程度的细化。对于心部性能要求较高的工件，淬火温度应略高于心部成分的 Ac_3 点；对于心部强度要求不高，而要求表面有较高硬度和耐磨性的工件，淬火温度应略高于 Ac_1；对介于两者之间的渗碳件，要兼顾表层与心部的组织及性能，淬火温度可选在 Ac_1～Ac_3 之间。如图4－5－3(c)所示。

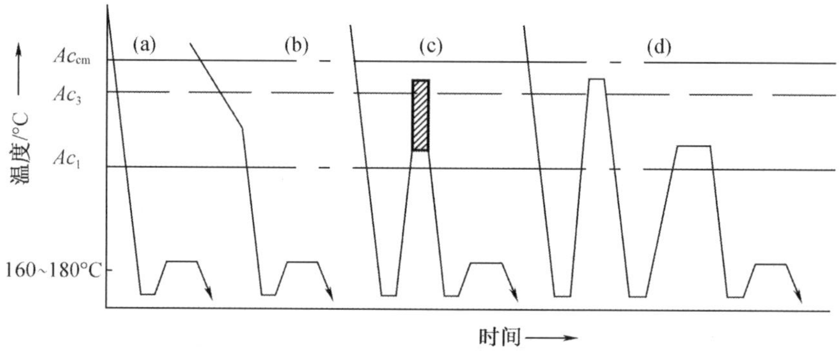

图4－5－3　渗碳后热处理示意图

③两次淬火　即渗碳后缓冷，然后进行两次加热淬火，以使工件的表面和心部都能获得较高的机械性能。第一次淬火加热温度在 Ac_3 以上30～50 ℃，目的是细化心部组织并消除表层网状渗碳体。第二次淬火加热温度在 Ac_1 以上30～50 ℃，目的是使表层获得极细的M和均匀分布的细粒状 Fe_3C_{II}。如图4－5－3(d)所示。两次淬火工艺复杂，生产率低，成本高，且会增大工件的变形及氧化与脱碳，因此现在生产上很少应用。

不论采用哪种方法淬火，渗碳件在最终淬火后都应进行低温回火(150～200 ℃)。渗碳钢经淬火和低温回火后，表层硬度可达60HRC以上，耐磨性好，疲劳强度高。心部的性能取决于钢的淬透性。心部未淬透时，为F＋P组织，硬度较低，塑性、韧性较好；心部淬透时，为低碳M或M＋T组织，硬度较高，具有较高的强度和韧性。

2. 氮化

氮化(渗氮)就是向钢的表面渗入氮元素的热处理工艺。氮化的目的在于更大程度地提高钢件表面的硬度和耐磨性，提高疲劳强度和耐蚀性。

与渗碳相比，钢件氮化后表层具有更高的硬度和耐磨性。氮化后的工件表层硬度高达1 000～1 200HV，相当于65～72HRC。这种硬度可保持到500～600 ℃不降低，故钢件氮化后具有很好的热稳定性。由于氮化层体积胀大，在工件表层形成较大的残余压应力，因此可以获得比渗碳更高的疲劳强度。另外，钢件氮化后表面形成一层致密的氮化物薄膜，从而使工件具有良好的耐腐蚀性能。

钢件经氮化后表层即具有高硬度和高耐磨性，无须氮化后再进行热处理。为了保证工件心部的性能，在氮化前应进行调质处理。

目前较为广泛应用的氮化工艺是气体渗氮，即将氨气通入加热到氮化温度的密封氮化罐中，使其分解出活性氮原子（$2NH_3 \Rightarrow 3H_2 + 2[N]$）。α－Fe 吸收活性氮原子，先形成固溶体，当含氮量超过 α－Fe 溶解度时，便形成氮化物 Fe_4N 和 Fe_2N。

由于氨的分解温度较低，所以氮化温度不高，不超过调质的回火温度，通常为 500～580 ℃，因此氮化件的变形很小。但氮化所需的时间很长，要获得 0.3～0.5 mm 厚的氮化层，一般需要 20～50 h。

为了缩短氮化时间，离子氮化获得了推广应用，其基本原理是，在真空容器内使氨气电离出氮离子，冲击阴极工件并渗入工件表面。离子氮化不仅显著缩短了氮化时间，而且能明显提高氮化层的韧性和疲劳抗力。

为了保证钢件氮化层的高硬度和高耐磨性，钢中应含有能形成稳定氮化物的合金元素，如 Al，Cr，Mo，V，Ti 等。目前最常用的氮化钢是 38CrMoAl。

氮化虽然使钢件具有一系列优异性能，但其工艺复杂，生产周期长，成本高，因此主要用于耐磨、耐热、抗蚀和精度要求很高的零件。例如磨床主轴、镗床镗杆、精密机床丝杆、精密齿轮及热作模具和量具等。

3. 氰化

氰化就是向钢件表层同时渗入 C 原子和 N 原子的化学热处理工艺，又称为碳氮共渗。目前氰化方法有两种，即气体氰化和液体氰化。液体氰化因使用的介质氰盐有剧毒，污染环境，应用受到限制，目前应用较广泛的氰化工艺是中温气体氰化和低温气体氰化。其中低温气体氰化是以渗氮为主，因渗层硬度提高不多，故又称为软氮化。这里仅简单介绍中温气体氰化。

中温气体氰化是将钢件放人密封炉罐内加热到 820～860 ℃，并向炉内滴入煤油或其他渗碳剂，同时通人氨气。在高温下共渗剂分解出活性碳原子和氮原子，被工件表面吸收并向内层扩散，形成一定共渗层。在钢的氰化温度下，保温时间主要取决于要求的渗层深度，例如一般零件保温 4～6 h，渗层深度可达 0.5～0.8 mm。

和渗碳件一样，中温气体氰化后的零件经淬火加低温回火后，共渗层组织为细小的针片状马氏体、适量的粒状碳氮化合物和少量残余奥氏体。

在渗层含碳量相同的情况下，氰化件比渗碳件具有更高的表面硬度、耐磨性、抗蚀性、弯曲强度和接触疲劳强度。但耐磨性和疲劳强度低于渗氮件。

中温气体氰化和渗碳相比，具有处理温度低、速度快、生产效率高、变形小等优点，得到了越来越广泛的应用。但由于它的渗层较薄，主要只用于形状复杂、要求变形小、受力不大的小型耐磨零件。氰化不仅适用于渗碳钢，也可用于中碳钢和中碳合金钢。

三、热处理的主要缺陷及其防止方法

在热处理生产中，由于操作控制不当，所处理的零件常出现某些缺陷，尤其淬火时最易出现缺陷。淬火时零件经切削加工已基本达到最终尺寸，致使在随后的加工中不易校正或排除，更应当注意避免或减少缺陷产生。常见的热处理缺陷有过热、过烧、氧化、脱碳、变形和开裂等。

1. 过热和过烧

零件在热处理时，如果加热温度过高或在高温下保温时间过长，引起奥氏体晶粒显著粗化，这种现象称为过热。过热影响零件随后热处理的力学性能，也易引起零件的淬火变形与开裂。过热缺陷一般可用正火的方法补救。

零件在热处理时，如果加热温度过高，使金属的晶界严重氧化或熔化，这种现象称为过烧。过烧是一种无法挽回的缺陷，过烧后的零件已无使用价值，必须报废。因此必须严格控制零件的加热温度。

2，氧化和脱碳

钢在氧化气氛中加热时，氧和铁形成氧化铁的现象称为氧化。钢在加热时，与气氛中的氧或水汽发生反应，使钢中的碳形成 CO 或 CH_4 而降低钢的含碳量的现象称为脱碳。

氧化和脱碳不仅降低零件表面的硬度和疲劳强度，而且还影响零件的尺寸精度，增加淬火开裂倾向。氧化和脱碳层如在以后的切削加工中被去除，则不影响零件的性能。一般重要的受力构件和精密零件，在精加工后都不允许有氧化和脱碳层。通常对氧化和脱碳有较高要求的零件，可在盐浴炉中加热，以减少氧化和脱碳；要求更高时，可采用有效涂料保护加热，或在可控气氛及真空炉中加热。

3. 变形和开裂

零件在热处理时，内部应力超过材料的屈服极限而引起零件的尺寸和形状的变化称为变形。零件在热处理时，内部应力超过材料的抗拉极限而引起零件产生裂纹的现象称为开裂。

变形是热处理中较难避免的缺陷，一般只是控制零件的变形量，超过变形量时可用校正方法纠正。开裂是必须避免的缺陷，零件一旦开裂，就无法挽救，只有报废。

变形和开裂都是由内应力引起的。零件内应力分为热应力和组织应力。

热应力是在加热和冷却过程中，零件内外层加热和冷却速度不同造成的内应力。

由于零件内外层温度不一致，致使零件内外热胀冷缩的程度也不相同；内外层温差越大，热应力也越大。零件在加热时，表面温度要高于心部，表面膨胀快，但受到心部的阻碍，故表面受压应力而心部受拉应力；零件在冷却时正相反，表面受拉应力而心部受压应力。一旦加热和冷却过程中热应力超过材料的屈服极限和抗拉极限，都会引起零件的变形和开裂。所以必须严格控制零件的加热、冷却速度，尤其是导热性差的材料，更要注意加热、冷却速度的影响。

组织应力是在加热或冷却过程中，由于零件内部组织发生转变的时间不一致而造成的内应力。

钢的组织中，马氏体的比容最大，奥氏体的比容最小，珠光体的比容介于马氏体和奥氏体之间。加热时组织转变引起的内应力一般不会对零件的变形和开裂产生大的影响，因为奥氏体的转变在高温下进行，材料的塑性较好。淬火冷却时表面先转变为马氏体，体积膨胀；心部仍为奥氏体，阻碍表面的膨胀，表面产生压应力而心部产生拉应力；当心部转变为马氏体时，表面组织已经转变终了，阻碍心部的膨胀，使表面产生拉应力而心部产生压应力。

淬火时零件的变形和开裂是两种内应力综合作用的结果。为了减小变形和避免开裂，可采用低温预热和不同的淬火方法，如分级淬火、等温淬火等。

【项目小结】

本项目主要介绍钢的热处理基本原理与工艺，通过本项目的学习，使学生能够理解热处理的基本概念，掌握钢在加热转变和冷却转变的基本规律和特点。掌握并理解了常用的热处理工艺，并能够运用过冷奥氏体转变曲线进行热处理工艺分析。

【项目训练】

一、填空题

1. 普通热处理分为________、________、________和________。
2. 改善钢的切削加工性能常用的热处理有________和________。
3. 钢淬火处理常用的冷却介质有________和________。
4. 淬火与高温回火结合的处理称为________，处理后钢的性能特点是________适合________类零件的热处理。
5. 钢的热处理是指采用适当的方式将钢或钢制工件进行________、________和冷却，以获得预期的组织结构与性能的工艺。
6. 淬火的目的是提高钢的________、________和________，淬火后的钢件根据对其力学性能的要求，配以不同温度的________。
7. 按回火温度范围不同，可将回火分为________、________和________。
8. 钢表面淬火的加热方式有________和________，其中________加热表面淬火质量稳定，适合大批量生产。
9. 钢的表面热处理分为________和________两类
10. 常用的化学热处理方法有________、________和________。

二、选择题

1. 钢的淬硬性主要取决于钢的(　　)。
   A. 含硫量　　B. 含锰量　　C. 含碳量　　D. 含硅量
2. 钢在一定条件下淬火后，获得淬硬层深度的能力，称为(　　)。
   A. 淬硬性　　B. 淬透性　　C. 耐磨性
3. 钢的回火处理在(　　)后进行。
   A. 正火　　B. 退火　　C. 淬火
4. 调质处理就是(　　)的热处理。
   A. 淬火 + 低温回火　　B. 淬火 + 中温回火　　C. 淬火 + 高温回火
5. 用65Mn钢做弹簧，淬火后应进行(　　)。
   A. 低温回火　　B. 中温回火　　C. 高温回火
6. 对于经过淬火热处理的刀具，如锯条，其硬度应当采用(　　)指标表示。
   A. HB　　B. HRC　　C. HV
7. 为了保证弹簧性能的要求，合金弹簧钢最终要进行(　　)。
   A. 淬火 + 低温回火　　B. 正火　　C. 淬火 + 中温回火　　D. 淬火 + 高温回火
8. 生产中调质处理是指(　　)。
   A. 淬火 + 低温回火　　B. 淬火 + 中温回火　　C. 淬火 + 高温回火

9. 渗碳工件最终热处理是(　　)。

A. 淬火+低温回火　B. 淬火+中温回火　C. 调质　D. 正火

10. 钢的淬硬性主要取决于钢的(　　)。

A. 含硫量　B. 含锰量　C. 含碳量　D. 含硅量

11. 钢在一定条件下淬火后,获得淬硬层深度的能力,称为(　　)。

A. 淬硬性　B. 淬透性　C. 耐磨性

12. 钢的回火处理在(　　)后进行。

A. 正火　B. 退火　C. 淬火

13. 调质处理就是(　　)的热处理。

A. 淬火+低温回火　B. 淬火+中温回火　C. 淬火+高温回火

14. 化学热处理与其他热处理方法的主要区别是(　　)。

A. 加热温度　B. 组织变化　C. 改变表面化学成分

三、判断题

1. 淬火处理的目的是提高钢的硬度、强度和耐磨性。(　　)
2. 淬硬性主要取决于钢的碳含量。(　　)
3. 提高钢的硬度,改善钢的切削加工性能应采用正火处理。(　　)
4. 要求高硬度、耐磨的零件,淬火后要进行低温回火。(　　)
5. 淬透性越好的钢淬火后的硬度越高。(　　)
6. 钢热处理的目的是提高工件的强度和硬度。(　　)
7. 钢的淬透性主要取决于钢的化学成分和冷却方式。(　　)
8. 退火与正火相比,钢在退火后的强度、硬度高于正火。(　　)
9. 淬火是强化钢材的重要的热处理工艺。(　　)
10. 淬火后的钢件根据对其力学性能的要求,配以不同温度的回火。(　　)
11. 生产中,把淬火和低温回火相结合的热处理称为调质处理,简称调质。(　　)
12. 工作表面淬火后要进行低温回火处理。(　　)
13. 化学热处理改变了工作表层的化学成分和组织。(　　)
14. 氮化处理后的工件不经淬火其表面就可达到很高的硬度。(　　)
15. 表面淬火可以改变工件表层成分。(　　)
16. 表面淬火既能改变钢的表面组织,也能改变心部组织和性能。(　　)

四、综合题

1. 本质细晶粒钢的奥氏体晶粒是否一定比本质粗晶粒钢的细,为什么?

2. 低碳钢板硬度低,可否用淬火方法提高硬度,用什么办法能显著提高硬度?

3. 20 号钢采用表面淬火是否合适,为什么?45 号钢进行渗碳处理是否合适,为什么?

4. 再结晶和重结晶有何不同?

5. 指出影响奥氏体形成速度和影响奥氏体实际晶粒度的因素。

6. 说明共析钢 C 曲线各个区、各条线的物理意义,并指出影响 C 曲线形状和位置的主要因素。

7. 试比较共析钢过冷奥氏体等温转变曲线和连续转变曲线的异同点。

8. 什么是钢的临界冷却速度,它的大小受哪些因素影响,它与钢的淬透性有何关系?

9. 为什么亚共析钢热处理时快速加热可显著地提高屈服强度和冲击韧性?

10. 加热使钢完全转变为奥氏体时,原始组织是以粗粒状珠光体为好,还是以细片状珠光体为好,为什么?

11. 简述各种淬火方法及其适用范围。

12. 淬透性和淬透层深度有何联系与区别? 影响钢件淬透层深度的主要因素是什么?

13. 正火与退火的主要区别是什么? 生产中应如何选择正火与退火?

项目五　船舶用钢铁材料及海洋工程用钢铁材料

【项目简介】

本项目主要介绍了钢中杂质元素对碳素钢的影响，钢的分类、常用碳素钢的牌号、性能及用途，重点介绍了船舶用的各类钢材。

【参考学时】

4－6 学时

【知识目标】

1. 深刻理解钢中杂质元素对碳素钢的影响。
2. 理解常用碳素钢的牌号、性能及用途。
3. 掌握船用结构钢、合金钢、铸铁及船机主要零件材料的应用。

【能力目标】

能读懂各类钢的牌号，并知道其性能及应用。

【单元链接】

单元一　钢铁概论
单元二　船体结构钢
单元三　船用合金钢
单元四　船用铸钢
单元五　船用铸铁
单元六　其他船舶设备用钢
单元七　船机主要零件材料

单元一　钢铁概论

碳素钢简称碳钢，理论上是指含碳量小于 2.11% 的铁碳合金。钢是以铁为主要元素、含碳量一般在 2% 以下，并含有其他元素的材料，实际应用时含碳量不超过 1.35%，并含有冶炼中难以除净的少量杂质，如硅、锰、硫、磷、氧、氮、氢等。碳钢在工业领域占有很重要的地位，碳钢具有较好的机械性能、良好的工艺性能，并且品种多样，价格低廉，能满足各种场合需要，在钢的总用量中碳钢占 90% 以上。

一、杂质对碳钢性能的影响

钢在冶炼过程中,不可避免地要带入一些杂质(如硅、锰、硫、磷、非金属杂质以及某些气体,如氧、氮、氢等)。这些杂质对钢的质量有较大的影响。

1. 锰的影响

锰是炼钢时用锰铁脱氧而残留在钢中的。锰与硫化合成 MnS,可以减轻硫的有害作用,改善钢的热加工性能,锰对钢的性能有良好的影响,是一种有益的元素。

2. 硅的影响

硅是炼钢时用硅铁脱氧而残留在钢中的。硅的脱氧能力比锰强,可以有效地消除 FeO,改善钢的品质。硅大部分溶于铁素体中,能提高钢的强度和硬度。

3. 硫的影响

在固态下,硫主要以 FeS 的形态存在于钢中,含硫量较多的钢脆性较大。更严重的是,FeS 与 Fe 可形成低熔点(985 ℃)的共晶体,分布在奥氏体的晶界上。当钢加热到 120 0℃进行热加工时,晶界上的共晶体已熔化,晶粒间结合被破坏,使钢材在加工过程中沿晶界开裂,这种现象称为热脆性。高的含硫量还使钢的耐蚀性和焊接性变坏,因此,制作锅炉用的钢板及钢管,其含硫量应降到最低。

4. 磷的影响

磷是由矿石带入钢中的,它可以溶于铁素体中,从而使钢的强度、硬度显著增加。同时可形成脆性很大的化合物 Fe_3P,使室温下(一般为 100 ℃以下)钢的塑性和韧性急剧下降,脆性转变温度升高,这种现象称为冷脆性。因此钢中含磷量应严格控制。

二、碳钢的分类、牌号、性能与应用

1. 钢的分类

碳钢的分类方法很多,最常见的有以下几种:

(1)按钢的含碳量分类

低碳钢:含碳量在 0.021 8% ~0.25%。

中碳钢:含碳量在 0.25% ~0.6%。

高碳钢:含碳量在 0.6% ~2.11%。

(2)按钢的用途分类

碳素结构钢:主要用于制造各种工程结构件(如船舶、桥梁、建筑工程结构件等)和机器零件(如柴油机活塞销、连杆、曲轴等)。一般为中、低碳钢。

碳素工具钢:主要用于制作各种刃具、量具、模具等。一般为高碳钢。

(3)按钢的质量分类

主要根据钢中有害杂质硫、磷的含量划分为:

普通碳素钢 = 含磷量≤0.045%,含硫量≤0.05%;

优质碳素钢 = 含磷量≤0.035%,含硫量≤0.035%;

高级优质碳素钢 = 含磷量≤0.025%,含硫量≤0.025%。

2. 钢的牌号、性能和用途

(1)碳素结构钢

碳素结构钢是机械工业中使用最多的碳钢。碳素结构钢按质量分为两大类:普通碳素结构钢和优质碳素结构钢。

①普通碳素结构钢

该类钢牌号表示方法是由代表屈服点的字母(Q)、屈服点数值、质量等级符号(A,B,C,D)及脱氧方法符号(F,b,Z,TZ)等四部分按顺序组成。质量等级符号反映钢中磷、硫含量的多少,A,B,C,D质量依次增高;脱氧方法符号F,b,Z,TZ分别依次表示沸腾钢、半镇静钢、镇静钢、特殊镇静钢。例如Q235－A·F表示屈服点数值为235 MPa的A级沸腾钢。

普通碳素结构钢平均含碳量为0.06%～0.38%,并含有较多的有害杂质和非金属夹杂物,但易于冶炼、工艺性好、价格便宜,能满足一般工程结构及普通零件的性能要求,因此应用较广。适用于一般工程用热轧钢板、钢带、型钢、棒钢等,可供焊接、铆接、栓接构件使用。

②优质碳素结构钢

该类钢的钢号用两位数字,即钢中平均含碳量的万分数表示。例如45号钢,表示平均含碳量为0.45%的优质碳素结构钢。

优质碳素结构钢中磷、硫含量均小于0.035%,非金属夹杂物较少。绝大多数是镇静钢,只有少数几个含碳量很低的钢是沸腾钢。这类钢的纯洁度和均匀度较好,因而其综合机械性能比普通碳素结构钢优良。

表5－1－1为优质碳素结构钢的性能特点及应用。

表5－1－1　优质碳素结构钢性能特点及应用

名称	钢号	性能	热处理	用途
低碳优质钢	08　10　15	韧性、塑性、焊接性良好,强度较低,冷冲冲击性好	一般不经过热处理	可制成薄板,用于造船、制作锅炉容器、建造桥梁等
渗碳钢	15　20　25	表面层硬度较高、耐磨,心部有较好的韧性	渗碳后淬火再低温回火	制作轴承、齿轮、活塞、销等
调质钢	30　35　40 45　50	强度比碳钢高,有一定的塑性和韧性,焊接性不理想	调质处理	用于齿轮轴、连杆、螺栓、螺母和键等,45应用最广
弹簧钢	60　65　70	具有高弹性	淬火后中温回火	制造弹簧

③专用碳素结构钢(锅炉与受压容器用钢)

锅炉钢主要是用来制造锅炉的过热器、主蒸汽管、锅筒、炉胆和炉管等的钢材。压力容器用钢是指空气瓶、锅炉汽包、石化工业的气体分离和气体储运等设备的压力容器或其他类似设备所用钢。

锅炉钢和压力容器钢的牌号是分别在碳素结构钢或合金钢的钢号末尾加“锅”(g)或“容”(R)字。例如20g,15MnVg,15MnVR等。

锅炉钢和压力容器钢一般为低碳优质镇静钢,含碳量在0.16%～0.26%,并严格控制钢中的S,P,O,N等杂质的含量,应该具有良好的塑性和焊接性能,以便锅炉零件和压力容器的加工成形和焊接;具有一定的强度、高温强度和韧性,以便承受压力和温度的作用;具有耐腐蚀和一定的形变时效值。

④铸造碳钢

铸钢件是由钢液直接浇注成的各种形状和尺寸的铸件。大多数形状复杂的零件都由铸造性能优良的铸铁浇注而成。例如，船用柴油机的气缸盖和曲轴、螺旋桨、尾轴管、锚链等。

铸钢的牌号 ZG 后跟两组数字，分别表示屈服极限和强度极限值，ZG 为“铸钢”两字的汉语拼音字首。例如 ZG270－500 表示屈服极限为 270 MPa，强度极限为 500 MPa 的铸钢。

一般铸钢的含碳量在 0.15%～0.6%，钢中 S，P 含量均控制在 0.04% 以下。铸钢具有合适的强度、塑性和韧性，综合机械性能高。由于铸钢的浇注温度很高，冷却缓慢但不均匀，所以随着铸钢件壁厚的增加，内部的气孔、疏松、晶粒粗大和偏析等加重，从而使其性能下降。铸钢件一般均需通过热处理改善组织，消除缺陷，获得适用性能。

(2)碳素工具钢

碳素工具钢的牌号用 T 后面跟数字表示。T 为“碳”的汉语拼音字首，数字表示钢号和平均含碳量的千分数，如牌号末尾有字母 A 表示高级优质钢。例如 T8AT 表示含碳量为 0.8% 的高级优质碳素工具钢。

碳素工具钢的含碳量较高，一般为 0.65%～1.35%。碳素工具钢具有较高的硬度和耐磨性，但热硬性和淬透性差。只适用制造手用工具、低速小切量的机用刀具，如丝锥、车刀、等。工具钢是制造各种刃具、量具、模具和其他工具的钢。

碳钢价格低廉、冶炼容易、便于加工并能通过热处理改善其组织性能，长期以来在工业生产中占据重要地位。但现代工业的飞速发展要求材料具有高强度、超高强度、耐高温、耐高压、耐磨损和耐腐蚀等性能，而碳钢强度低、淬透性低、回火抗力差、高温性能极差，远远不能满足要求。为了提高碳钢的使用性能及工艺性能，满足工业生产的需要，在冶炼的过程中有目的地在碳钢中加入一定量的某些合金元素，使之成为具有特定性能的钢，即合金钢。

合金钢与碳钢的性能比较具有以下四个特点：

(1)合金钢的淬透性比碳钢高

用含碳量相同的 35 号碳钢和合金结构钢 35Si2MnMoV 来比较：35Si2MnMoV 在零件直径达 60 mm 可以完全淬透，经 250 ℃低温回火可以获得 $R_{eH} > 1\ 700\ N/mm^2$，$Z > 40\%$，$\alpha_k > 50\ J/cm^2$ 的力学性能；35 号钢即使经盐水剧烈冷却淬火，其淬透的零件直径仅为 5 mm，200 ℃低温回火后才获得与 35Si2MnMoV 接近的性能，但是这种冷却条件在生产上难以实现，且无法弥补淬火缺陷。

(2)合金钢的强度、屈强比比碳钢高

合金钢的强度较高，可以使得机器的体积小、质量轻，而碳钢则因强度较低使机器笨重。例如，普通低合金钢 16Mn，$R_{eH} = 320 \sim 350\ N/mm^2$，工程上大量使用的 Q235 钢，其 $R_{eH} = 235\ N/mm^2$，若以普通低合金钢代替普通碳素结构钢，可在相同受力条件下使构件质量减轻 20%～30%。

(3)合金钢的高温强度和回火抗力比碳钢高

一般碳钢的工作温度约为 200 ℃，而耐热合金钢的工作温度可达 600～800 ℃。同样，碳钢只能在 200 ℃以下保持硬度，而合金钢在 600 ℃高温下工作其硬度仍可保持 HRC60。合金元素能使淬火钢在回火过程中的组织分解和转变速度减慢，增加回火抗力，提高回火稳定性，从而使钢的硬度随回火温度的升高而下降的程度减弱。

（4）合金钢具有碳钢所没有的特殊物理化学性能

随着现代工业生产对材料的要求越来越高，船舰、机车、航空等工业的发动机上要求的超高强度钢，高级耐热钢及化工机械中所需要的耐腐蚀钢等都是普通碳素结构钢无法满足的。只有采用合金钢才能适应各项工业生产的需要。

三、合金钢的分类及编号

1. 合金钢的分类

合金钢的分类方法很多，但最常见的有下面两种：

（1）按用途分类

合金结构钢：用于制造机械零件和工程结构件，包括低合金结构钢、合金渗碳钢、合金调质钢、合金弹簧钢和滚动轴承钢等。

合金工具钢：用于制造各种刃具、模具和量具，包括刃具钢、模具钢和量具钢等。

特殊性能钢：具有某种特殊物理、化学性能的钢，包括不锈钢、耐热钢和耐磨钢等。

（2）按合金元素总含量分类

低合金钢：合金元素总含量 $<5\%$。

中合金钢：合金元素总含量 $5\% \sim 10\%$。

高合金钢：合金元素总含量 $>10\%$。

2. 合金钢牌号编号原则

我国的合金钢是按含碳量、合金元素的种类和数量来编号的，即：数字 + 合金元素 + 数字。其标号原则如下：

（1）钢号中最前面的数字表示钢中平均含碳量

合金结构钢：数字表示平均含碳量的万分数。

合金工具钢：数字表示平均含碳量的千分数，当含碳量 $>1.0\%$ 时，含碳量的数字不标出；例如低合金工具钢 CrWMn。

特殊性能钢：与合金工具钢相同，当含碳量 $\leqslant 0.03\%$ 和 $\leqslant 0.08\%$ 时，在钢号前面分别标注“00”和“0”。例如 00Cr18Ni10 和 0Cr18Ni9。

（2）合金元素符号后数字表示合金元素平均含量

合金元素用国际化学元素符号表示。元素后面的数字表示该种元素平均含量的百分数，当平均含量 $<1.5\%$ 时，钢号中只标出合金元素符号而不标明含量；当元素平均含量 $\geqslant 1.5\%$，$\geqslant 2.5\%$，$\geqslant 3.5\%$，…时，则在元素符号后面相应地标出 2，3，4，…。例如合金结构钢 60Si2Mn，该钢号表示平均含碳量为 0.60%，含硅量 $\geqslant 1.5\%$，含锰量 $<1.5\%$。

（3）特殊用途的专用钢牌号

滚动轴承钢：钢号前面标注“滚”或“G”，Cr 后面跟数字，表示含铬量的千分数，其他元素符号后面的数字意义与其他合金钢相同。例 GCr15SiMn，表示平均含铬量为 1.5%、含硅、锰均小于 1.5% 的滚动轴承钢。

对于高级优质钢则在钢号最后加注“A”字。例如 38CrMoAlA 表示平均含碳量为 0.38%，铬、钼、铝量分别小于 1.5% 的高级优质氮化钢。

四、合金结构钢

船舶动力装置中除使用大量的碳钢外还使用大量的各类合金结构钢，以满足船舶对机件的要求，常用的合金结构钢主要有普通低合金结构钢、合金渗碳钢、合金调质钢、合金弹簧钢、滚珠轴承钢及特殊合金钢中的不锈钢、耐热钢等。

1. 普通低合金结构钢（普低钢）

它是在普通低碳钢的基础上加入少量合金元素而制成，主要为了满足工程上各种结构的承载大、自重轻的要求，产品同时保证力学性能与化学成分。

低普钢含碳量较低，多数在0.1% ~0.2%，一般以少量（0.8% ~1.8%）的锰为主加元素，硅的含量比碳素结构钢高（0.2% ~0.55%），并辅加铜、钛、钒、磷等合金元素。有时还在钢中加入微量稀土元素，以消除钢中有害杂质，改善夹杂物形状及分布，减弱其冷脆性。

普通低合金结构钢的牌号和用途见表5－1－2。

表5－1－2　普通低合金结构钢的牌号和用途

牌号	用途举例
09MnV	螺旋焊管、冷弯型钢、建筑结构
09Mn2	油船、油罐、油槽、机车车辆
16Mn	桥梁、船舶、车辆、船舶、起重机
15MnV	高、中压容器，车辆，船舶，起重机
15MnTi	造船钢板、压力容器、电机设备

低普钢大多数是在热轧、正火状态下使用，一般不需要进行热处理。具有高的屈服强度与良好的塑性、韧性、焊接性和耐腐蚀性。低合金结构钢广泛应用于桥梁、船舶、高压容器、车辆、石油化工设备、农业机械中。其中16Mn是我国发展最早、产量最大、各种性能配合较好的钢材，故应用最广。

2. 合金渗碳钢

合金渗碳钢通常是指经渗碳淬火、低温回火后使用的钢。主要用于制造表面承受高耐磨、并承受强烈冲击接触疲劳的零件如柴油机的凸轮、活塞销、汽车的变速齿轮等。这类零件要求钢表面具有高硬度，心部要有较高的韧性和足够的强度。

一般渗碳钢的含碳量为0.10% ~0.25%，以保证渗碳零件心部有较高的韧性。主加元素为铬、锰、镍、硼，其作用是增加钢的淬透性，辅加合金元素用少量的钼、钨、钒、钛等强碳化物形成元素，以阻止高温渗碳时晶粒长大，起细化晶粒作用。对防止渗碳层剥落及提高心部性能都有利，还可以增加渗碳层的耐磨性。

合金渗碳钢一般都是在渗碳后进行淬火及低温回火。使渗碳钢零件表面获得高硬度、高耐磨性的回火马氏体，而降部则获得低碳回火马氏体或其他组织。18CrNi4WA是柴油机喷油器针阀体使用的著名的渗碳材料。常用渗碳钢的牌号和用途见表5－1－3。

3. 合金调质钢

合金调质钢通常是指经调质后使用的中碳合金结构钢。主要用于制造承受很大循环载荷与冲击载荷或各种复合应力的零件（如机器中传递动力的轴、连杆、齿轮等）。这类零件要求钢材具有较高的综合机械性能，即强度、硬度、塑性、韧性有良好的配合。

大多数调质钢的含碳量为0.3%～0.6%，合金元素总含量小于5%。主加元素为锰、铬、镍、硼，主要是增加钢的淬透性。辅加元素为少量的钨、钼、钒、钛等碳化物形成元素。它们起细化晶粒与提高回火稳定性的作用。

40Cr钢是最常用的合金调质钢。它比碳素调质钢40、45号钢具有更高的淬透性和综合机械性能。用于制造比较重要的零件如曲轴、连杆、摇臂轴、进气阀、凸轮及泵齿轮等。

常用的调质钢的牌号和用途见表5－1－4。

表5－1－3　渗碳钢的牌号和用途

牌号	用途举例
20－Mn2	代替20Cr(以节约铬)
20Cr	机床齿轮、蜗杆、活塞销
20CrMnTi	汽车齿轮、凸轮
20Cr2Ni4	大齿轮、轴、飞机发动机齿轮
18CrNi4	大齿轮、轴

表5－1－4　调质钢的牌号和用途

牌号	用途举例
45Mn2	轴、蜗杆、连杆
40Cr	重要调质件如主轴、曲轴、齿轮、连杆
35CrMo	重要调质件如曲轴、连杆及代替40CrNi做大截面轴类零件
30CrMnSi	高压鼓风机叶片、联轴器、飞机零件
38CrMoAlA	用于氮化件如镗杆、蜗杆、高压阀门

4. 合金弹簧钢

弹簧钢是指用来制造各种弹簧的钢。制作弹簧的材料要求具有高的弹性极限，保证弹簧有足够的弹性变形能力；弹簧在工作时一般是承受循环载荷，还要求具有高的疲劳强度；此外，还应具有一定的塑性、韧性。对于特殊条件下工作的弹簧要求耐热、耐腐蚀等。

合金弹簧钢的含碳量为0.45%～0.70%，加入锰、硅、铬、钒、钨等合金元素。硅、锰主要目的是提高钢的淬透性，同时提高屈强比，其中硅的作用尤为突出。但硅使钢加热时脱碳，锰使钢易于过热。重要用途的弹簧钢要加入铬、钨、钒等，不仅使钢不易脱碳和过热，而且有利于提高弹簧钢的高温强度。

常用的合金弹簧钢的牌号和用途见表5－1－5。

5. 滚动轴承钢

滚动轴承钢是指制造各种滚动轴承内外圈及滚动体（滚珠、滚柱、滚针）的专用钢种。轴承在工作时，滚动体与内外圈在滚道上均受循环载荷作用。因内外圈和滚动体之间呈点或线接触，接触应力很大，易使轴承工作表面产生接触疲劳破坏与磨损。要求制作轴承内外圈及滚动体的材料具有高的接触疲劳抗力，高的硬度、耐磨性及一定的韧性。

滚动轴承钢的含碳量为0.95% ~1.15%，以保证轴承钢具有高强度、高硬度和高耐磨性。主加元素为铬（<1.65%），用以提高淬透性，并使钢材在热处理后形成细小均匀分布的合金渗碳体，提高钢的强度、接触疲劳抗力与耐磨性。

滚动轴承钢的热处理包括预先热处理（球化退火）及最终热处理（淬火与低温回火）。滚动轴承钢，不仅用来制造滚动轴承零件，而且也常用来制造柴油机的精密偶件、形状复杂的刃具、冷冲模、精密量具零件。

常用的滚动轴承钢的牌号和用途见表5－1－6。

表5－1－5　合金弹簧钢的牌号和用途

牌号	用途举例
55Si2Mn	ϕ20 ~ 25 mm弹簧，工作温度低于230 ℃，制作减振弹簧、气缸安全阀弹簧、止回阀弹簧及230 ℃以下耐热弹簧、活塞弹簧
60Si2Mn	
50CrVA	ϕ30 ~ 50 mm弹簧，工作温度低于210 ℃的气阀弹簧钢
65Mn	制作小型弹簧、弹簧环、气门簧、离合器簧片、刹车弹簧

表5－1－6　滚动轴承钢的牌号和用途

牌号	用途举例
GCr6	<ϕ10 mm的滚动体，制作一般条件下小尺寸的套圈、滚珠和滚柱
GCr9	<ϕ20 mm的滚动体，同上
GCr9SiMn	壁厚<12 mm，外径<250 mm的套圈，直径25 ~ 50 mm的钢球，直径<22 mm的滚子，如柴油机、汽车、拖拉机的轴承，柴油机的精密偶件
GCr15	
GCr15SiMn	壁厚>12 mm，外径>250 mm的套圈，直径>50 mm的钢球，直径>22 mm的滚子，制作大型和特大型轴承

五、合金工具钢

合金工具钢包括刃具钢、模具钢与量具钢。根据专业要求主要以刃具钢为内容进行介绍。合金刃具钢又分为低合金刃具钢和高速钢。

1. 低合金刃具钢

低合金刃具钢是在碳素工具钢基础上加入少量（<5%）合金元素，以进一步提高耐磨性及热处理工艺性能。低合金刃具钢的含碳量为0.75% ~1.5%，以保证钢淬火后具有高硬度（HRC>62），增加耐磨性。加入的合金元素主要有Cr，Si，Mn，W，V等。铬主要使钢的淬透性提高，硅除了增加钢的淬透性外，其主要作用是提高钢的回火稳定性，改善刃具的红硬性。锰能使过冷奥氏体的稳定性增加，淬火后能使钢具有较多的残余奥氏体，可减少刃具淬火中的变形量，钨能阻止奥氏体晶粒粗化，并提高了钢的耐磨性。

低合金刃具钢经球化退火及淬火、低温回火后，组织应为细回火马氏体、粒状合金碳化物及少量的残余奥氏体，一般硬度为HRC 60 ~65。

9SiCr是一种常用的低合金刃具钢，目前也作为冷冲模具钢使用。在工厂中广泛用来制作低速切削的薄刃具，如丝锥、板牙、铰刀等。

常用低合金刃具钢的牌号和用途见表 5 –1 –7。

表 5 –1 –7　低合金刃具钢的牌号和用途

牌号	用途举例
Cr2	尺寸较大的钻头、铰刀
9SiCr	薄刃具，如丝锥、板牙、铰刀
CrWMn	微变形钢、长铰刀、拉刀、丝杆、精密量具
CrW5	低速切削硬金属刃具，如铣刀、车刀、刨刀
9Mn2V	磨床主轴、车床丝杆、丝锥、板牙、量规、冷作模具

2. 高速钢

高速钢是红硬性、耐磨性更高的高合金工具钢。因它制作的刃具使用时，比低合金刃具钢允许有更高的切削速度而得此名。它的红硬性可达 600 ℃，切削时能长期保持刃口锋利，故俗称为“锋钢”。其强度也比碳素工具钢提高 30% ~50%。

高速钢的含碳量为 0.75% ~1.60%，合金元素总量在 10% 以上，主要有钨、钼、铬、钒等碳化物形成元素。含碳量较高可获得高碳马氏体，并保证形成足够的合金碳化物，使钢的耐磨性、红硬性和切削性能进一步改善；钨主要是提高钢的回火稳定性和红硬性，与碳形成碳化物，能阻止晶粒长大，提高耐磨性；铬在高速钢中含量均为 4%，明显地提高钢的淬透性，使高速钢空冷也能形成马氏体；钒是强碳化物形成元素，能显著提高钢的硬度、耐磨性与红硬性。

各种高速钢由于具有比其他刃具钢高得多的红硬性、耐磨性及较高的强度与韧性，不仅可制作切削速度较高的刃具，也可制造载荷大、形状复杂、贵重的切削刃具（如拉刀、齿轮铣刀等）。常用高速钢的牌号和用途见表 5 –1 –8。

表 5 –1 –8　高速钢的牌号和用途

类别	牌号	用途举例
钨系高速钢	W18Cr –4V(18 –4 –1)	用于 600 ℃下工作的高速切削刀具，如车刀、钻头、铣刀
	W12Cr4VMo	用于制造切削合金钢及高强度钢的车刀、钻头、铣刀
钨钼系高速钢	W6Mo5Cr4V2(6 –5 –4 –2)	用于制造承受较大冲击的刀具，如插齿刀、钻头
	26Mo5Cr4V3(6 –5 –4 –3)	制造要求耐磨、热硬性高的形状复杂的刀具，如拉刀、铣刀

六、特殊性能钢

特殊性能钢具有特殊物理或化学性能，用来制造除要求具有一定的力学性能外，还要求具有特殊性能的零件。其种类很多，机械制造业中主要使用不锈耐酸钢、耐热钢和耐磨钢。

1. 不锈耐酸钢

不锈耐酸钢包括不锈钢与耐酸钢。能抵抗大气腐蚀的钢称为不锈钢。而在一些化学介质(如酸类等)中能抵抗腐蚀的钢称为耐酸钢。通常也将这两类钢统称为不锈钢。一般不锈钢不一定耐酸,而耐酸钢则一般都具有良好的耐腐蚀性能。以不锈、耐蚀性为主要特性,且铬含量至少为10.5%,碳含量最大不超过1.2%的钢称为不锈钢。

不锈钢含碳量在0.03%～1.0%,合金元素总量>10%。主要合金元素有Cr,Ni,Mo,Ti,Nb等。其中铬是决定不锈钢耐腐蚀性的主要元素,主要作用是在氧化介质中使钢的表面生成Cr_2O_3保护膜,防止钢表面腐蚀;镍是不锈钢中的另一重要合金元素,它是奥氏体的稳定剂,是获得奥氏体不锈钢中单一稳定的奥氏体相的主要合金元素。此外,含镍的不锈钢还具有良好的塑性和焊接性能。常见的不锈钢分为马氏体型不锈钢、奥氏体型不锈钢和铁素体型不锈钢等。

(1)马氏体型不锈钢

所谓马氏体不锈钢是指基体为马氏体组织,有磁性。通过热处理可调整其力学性能的不锈钢。随着钢中含碳量的增加,马氏体不锈钢的强度、硬度、耐磨性提高,但耐腐蚀性则下降。有较好的力学性能与耐腐蚀性相结合,应用广泛。含碳量较低的12Cr13,20Cr13等钢类似调质钢,可用来制造机械性能要求较高、又要有一定耐腐蚀性的零件,如汽轮机叶片、不锈结构件等。30Cr13,40Cr13等类似工具钢,用于制造医用手术工具、量具及弹簧等。

(2)奥氏体型不锈钢

基体以面向立方晶体结构的奥氏体组织(γ相)为主,无磁性,主要通过冷加工使其强化(并可能导致一定的磁性)的不锈钢为奥氏体不锈钢。奥氏体型不锈钢强度、硬度均很低(硬度HBS135左右),无磁性;塑性、韧性及焊接性较好。大多用于航空发动机零件,船舶航海仪器中的无磁零件必须使用这类钢。

(3)铁素体型不锈钢

基体以体心立方晶体结构的铁素体组织(α相)为主,有磁性,一般不能通过热处理硬化,但冷加工可使其轻微强化的不锈钢为铁素体不锈钢。铁素体型不锈钢抗大气与酸蚀能力强,具有良好的高温抗氧化性,特别是抗应力腐蚀性能较好,塑性较高,但机械性能不如马氏体型不锈钢,多用于受力不大的耐酸结构件和作抗氧化钢使用。如06Cr13Al,022Cr12等钢常作耐热钢使用,如制造排气阀等。

常用不锈钢的牌号和用途见表5-1-9。

表5-1-9　不锈钢的牌号和用途

类别	牌号	用途举例
马氏体不锈钢	12Cr13	抗弱腐蚀介质,受冲击零件,如汽轮机叶片、柴油机安全阀、启动阀阀杆、阀座
	20Cr13	
	30Cr13	高耐磨性零件,如阀片、泵轴、弹簧手术刀
	40Cr13	
奥氏体型不锈钢	06Cr19Ni10	焊接铬镍钢的焊条芯
	12Cr18Ni9	耐硝酸、有机酸等零件,航海仪表的低磁零件
	0Cr18Ni9Ti	抗磁仪表、输送管道、耐酸容器、具有较好的抗晶间腐蚀性能及作用热强性好的锅炉管道等
	1Cr18Ni9Ti	

表 5 -1 -9(续)

类别	牌号	用途举例
铁素体型不锈钢	06Cr13Al	燃气透平压缩机叶片、退火箱、淬火台架
	10Cr17	化工设备的耐腐蚀件
	16Cr25N	耐高温腐蚀性强用于燃烧室

2. 耐热钢

许多零件在高温下使用,要求具有耐热性,例如,柴油机的排气阀工作温度可达 600 ℃。所谓耐热性,是指材料在高温下兼有抗氧化与高温强度的综合性能。相关国家标准对于耐热钢的定义是:在高温下具有良好的化学稳定性或较高强度的钢。具有良好耐热性的钢称为耐热钢。习惯上它包括抗氧化钢与热强钢两类:抗氧化钢在高温下有较好的抗氧化能力,强度不高(又称为不起皮钢);热强钢在高温下有良好抗氧化能力,并具有较高的高温强度。

(1)抗氧化钢(不起皮钢)

抗氧化钢中加入合金元素铬、硅、铝等,它们与氧亲和力大,优先被氧化,形成一层致密的、高熔点的并牢固覆盖于钢表面的氧化膜(Cr_2O_3,SiO_2,Al_2O_3),可将金属与外界的高温氧化性气体隔绝,避免进一步氧化。抗氧化钢有铁素体和奥氏体两类。主要用于制造锅炉零件、燃气轮机燃烧室零件等。

(2)热强钢

在钢中加入铬、钼、锰、铌等元素,提高再结晶温度而提高抗蠕变能力;在钢中加入钛、铌、钒、钨、钼、铬以及氮等元素,可形成稳定而又弥散分布的碳化物和氮化物,提高高温强度。热强钢采用的合金元素如铬、镍、钼、钨、硅等,除具有提高高温强度的作用外,还可提高高温抗氧化性。常用的热强钢按正火状态下组织的不同,大致可分为珠光体钢、马氏体钢、奥氏体钢三类。

热强钢主要用于燃气轮机的转子和叶片,柴油机的进、排气阀,锅炉过热器及高温下工作的螺栓、弹簧等。

常用的耐热钢的牌号和用途见表 5 -1 -10。

表 5 -1 -10　耐热钢的牌号和用途

类别	牌号	用途举例
珠光体钢	15CrMo	用于温度 <500 ℃蒸汽管道,法兰锻件
	12CrMoV	温度≤450 ℃主蒸汽管、汽轮机隔板、过热器
马氏体钢	12Cr13	涡轮叶片及承受摩擦和耐蚀零件
	20Cr13	涡轮叶片、阀及高温螺栓
	15Cr12WMoV	涡轮叶片、气阀
	42Cr9Si2	柴油机排气阀
	40Cr10Si2Mo	汽车发动机和柴油机排气阀
奥氏体钢	06Cr19Ni9	作为耐热钢广泛使用于食品、化工、原子能设备
	45Cr14Ni14W2Mo	柴油机排气阀、涡轮叶片和管道

单元二　船体结构钢

用于制造海船和大型内河船舶结构的钢称为船体结构钢。用于制造船舶结构的钢材应符合我国《钢质海船入级与建造规范》中国船级社(CCS)《材料与焊接规范》中对船体结构钢机械性能的各技术规定要求。随着我国海洋工程的发展需要,原国家标准《船体用结构钢》GB 712—2000 修订为《船舶及海洋工程用结构钢》GB 712—2012 即把船舶与海洋工程用结构钢纳入同一标准。

由于船体结构一般采用焊接工艺进行建造,所以要求船体结构钢应当具有很好的冷变形性能和焊接性能,要求具有一定的强度、韧性和耐腐蚀性。所以船体结构钢都是属于低碳优质钢,并且一般都是脱氧完全的镇静钢。对此应提出低温韧性的要求。

1. 一般强度船体结构用钢

一般强度船体结构用钢为厚度不超过 100 mm 的钢板的宽扁钢以及厚度不超过 50 mm 的型钢和棒钢。

一般强度船体结构用钢的牌号由代表冲击韧性等级的字母表示。冲击韧性等级共分 A,B,D,E 四级:

A——20 ℃条件下的冲击韧性等级;

B——0 ℃条件下的冲击韧性等级;

D——-20 ℃条件下的冲击韧性等级;

E——-40 ℃条件下的冲击韧性等级。

一般强度船体结构用钢的屈服应力值均不小于 235 MPa。

一般强度船体结构用钢的力学性能见表 5-2-1。

表 5-2-1　一般强度船体结构用钢的力学性能

<table>
<tr><th rowspan="5">钢材等级</th><th rowspan="5">屈服强度 R_{eH}不小于 /(N/mm²)</th><th rowspan="5">抗拉强度 R_m /(N/mm²)</th><th rowspan="5">伸长率 A_5 不小于 /%</th><th colspan="7">夏比 V 型缺口冲击试验</th></tr>
<tr><th rowspan="4">试验温度 /℃</th><th colspan="6">平均冲击功不小于/J</th></tr>
<tr><th colspan="6">厚度 t/mm</th></tr>
<tr><th colspan="2">$t \le 50$</th><th colspan="2">$50 < t \le 70$</th><th colspan="2">$70 < t \le 100$</th></tr>
<tr><th>纵向②</th><th>横向②</th><th>纵向</th><th>横向</th><th>纵向</th><th>横向</th></tr>
<tr><td>A</td><td rowspan="4">235</td><td rowspan="4">400~520①</td><td rowspan="4">22</td><td>20</td><td>—</td><td>—</td><td rowspan="4">34④</td><td rowspan="4">24④</td><td rowspan="4">41④</td><td rowspan="4">27④</td></tr>
<tr><td>B</td><td>0</td><td rowspan="3">27③</td><td rowspan="3">20③</td></tr>
<tr><td>C</td><td>-20</td></tr>
<tr><td>D</td><td>-40</td></tr>
</table>

注:①经 CCS 同意后,A 级型钢的抗拉强度的上限可以超出表中所规定的值。

②除订货方或 CCS 要求外,$t \le 50$ mm 时冲击试验一般仅做纵向试验,但钢厂采取措施保证钢材的横向冲击性能。

③对厚度不大于 25 mm 的 B 级钢,经 CCS 同意可不做冲击试验。

④厚度大于 50 mm 的 A 级钢,如经过细化晶粒处理并以正火状态交货,可以不做冲击试验;经 CCS 同意,以温度-形变控制轧制状态交货的 A 级钢亦可不做冲击试验。

⑤型钢一般不进行横向冲击试验。

2. 高强度船体结构用钢

高强度船体结构钢均为经过细化晶粒处理过的镇静钢，其板材、型材厚度范围要求与一般强度船体结构用钢相同。

高强度船体结构用钢按其最小屈服应力划分强度级别，每一强度级别又按其冲击韧性的不同分为 A、D、E、F 四级。冲击韧性等级字母及字母含义：

A——0 ℃条件下的冲击韧性等级；

D——－20 ℃条件下的冲击韧性等级；

E——－40 ℃条件下的冲击韧性等级；

F——－60 ℃条件下的冲击韧性等级。

高强度船体结构用钢牌号由冲击韧性等级字母＋屈服强度等级数字（二位数）组成。屈服强度等级数字（二位数）表示最小屈服应力值的 1/10。例如 DH36 表示－20 ℃条件下的冲击韧性等级，最小屈服应力值为 355 MPa 的高强度船体结构用钢。

高强度船体结构用钢的力学性能见表 5－2－2。

表 5－2－2　高强度船体结构用钢的力学性能

钢材等级	屈服强度 R_{eH} 不小于 /(N/mm²)	抗拉强度 R_m /(N/mm²)	伸长率 A_5 不小于 /%	夏比 V 型缺口冲击试验						
				试验温度 /℃	平均冲击功不小于/J					
					厚度 t/mm					
					$t \leqslant 50$		$50 < t \leqslant 70$		$70 < t \leqslant 100$	
					纵向	横向	纵向	横向	纵向	横向
AH32	315	400～570	22	0	31②	22②	38	26	46	31
DH32				－20						
EH32				－40						
FH32				－60						
AH36	355	490～630	21	0	34②	24②	41	27	50	34
DH36				－20						
EH36				－40						
FH36				－60						
AH40	390	510～660	20	0	39	26	46	31	55	37
DH40				－20						
EH40				－40						
FH40				－60						

注：①除订货方或 CCS 有要求外，冲击试验一般仅做纵向试验，但钢厂应采取措施保证钢材的横向冲击性能。型钢一般仅做纵向冲击试验。

②如钢厂能保证冲击试验抽查合格，经 CCS 同意，AH32 和 AH36 级钢验收时冲击试验的批量可予以放宽。

3. 焊接结构用高强度淬火回火钢

焊接结构用高强度淬火回火钢为厚度不超过 70 mm 的钢板和宽扁钢，均为经过细化晶粒处理过的镇静钢。焊接结构用高强度淬火回火钢，按其最小屈服点应力划分为 420，460，500，550，620 和 690 MPa 六个强度等级，每一强度级别又按其冲击韧性的不同分为 A，D，E，F 四级。冲击韧性等级字母及含义：

A——0 ℃条件下的冲击韧性等级；

D——－20 ℃条件下的冲击韧性等级；

E——－40 ℃条件下的冲击韧性等级；

F——－60 ℃条件下的冲击韧性等级。

焊接结构用高强度淬火回火钢的牌号由冲击韧性等级字母＋屈服强度等级数字(三位数)组成。屈服强度等级数字(三位数)表示最小屈服强度应力值(MPa)。例如E550表示－40 ℃条件下的冲击韧性等级,最小屈服应力值为550 MPa的焊接结构用高强度淬火回火钢。

焊接结构用高强度淬火回火钢的性能见表5－2－3。

表5－2－3　焊接结构用高强度淬火回火钢的力学性能

钢材等级	屈服强度 R_{eH} 或 $R_{p0.3}$ ① 不小于 /(N/mm²)	抗拉强度 R_m /(N/mm²)	伸长率① A_5(横向)不小于/%	夏比V型缺口冲击试验		
				试验温度/℃	平均冲击功不小于/J	
					纵向	横向
A420	420	530～680	18	0	42	28
D420				－20		
E420				－40		
F420				－60		
A460	460	570～720	17	0	46	31
D460				－20		
E460				－40		
F460				－60		
A500	500	610～770	16	0	50	33
D500				－20		
E500				－40		
F500				－60		
A550	550	670～830	16	0	55	37
D550				－20		
E550				－40		
F550				－60		
A620	620	720～890	15	0	62	41
D620				－20		
E620				－40		
F620				－60		
A690	690	770～940	14	0	69	46
D690				－20		
E690				－40		
F690				－60		

注:①当拉伸试验时屈服应力 R_{eH} 不明显时,则取非比例延伸强度 $R_{p0.2}$。对于纵向试样,其伸长率(纵向)应较表中伸长率(横向)高2%。

②如钢厂能保证冲击试验抽查合格,经CCS同意,A级高强度淬火回火钢在验收时冲击试验的批量可予以放宽。

③型钢一般仅做纵向冲击试验。

4. Z 向钢

因结构中承受厚度方向拉伸载荷而对钢材厚度方向有性能要求的厚度不小于 15 mm 的板材与扁钢简称为 Z 向钢。它是在某一等级结构钢（称为母级钢）的基础上，经过特殊处理（如钙处理、真空脱气、氩气搅拌等）和适当热处理的钢材，其化学成分除应符合母级钢规定外，熔炼分析化学成分的硫含量应不大于 0.008%。Z 向钢根据厚度方向拉伸试样的断面收缩率的大小分为 Z25 和 Z35 两个级别。

Z 向钢的标记是在母级钢标记后加上 Z 向钢等级后缀 Z25 或 Z35。如 EH36 – Z35 表示为具有厚度方向断面收缩率为 35% 的 EH36 级船体结构钢。

单元三　船用合金钢

各种船舶的各管道系统中介质的化学成分、温度、压力因管道系统的作用不同有很大差异，如动力管系中各油路管系、锅炉管系及油船管系特别是特殊液、气体介质管系，为满足各管道系统的服役工作状态，必须选用相应材质钢管制作。这些管道的材质会是各种合金钢。在船舶的建造里管道系统的合金钢的使用占有较大比例。

1. 无缝压力管

适用于碳钢、碳锰钢和低合金钢制成的铁素体钢无缝压力管，并应采用热轧或冷拔工艺进行制造。无缝压力管的力学性能和工艺性能见表 5 – 3 – 1。

表 5 – 3 – 1　无缝压力管的力学性能和工艺性能

钢种	强度级 /(N/mm²)	抗拉强度 R_m 不小于 /(N/mm²)	屈服强度 R_{eH} 不小于 /(N/mm²)	伸长率 A_5 不小于/%	压扁试验系数 C	弯曲试验弯心直径 /mm
碳钢和碳锰钢	320	320	195	25	0.10	4t（t 为厚度）
	360	360	215	24	0.10	
	410	410	235	22	0.08	
	460	460	265	21	0.07	
	490	490	285	21	0.07	
1Cr0.5Mo	440	440	275	22	0.07	4t
2.25Cr1Mo	410	410	135	20	0.07	4t
	490	490	275	16		
0.5Cr0.5Mo0.25V	460	460	275	15	0.07	4t

注：①对碳钢和碳锰钢，表中各强度级钢管的抗拉强度范围均为 120 N/mm²。

②对合金钢，表中各强度级钢管的抗拉强度范围均为 150 N/mm²。

2. 锅炉管与过热管

适用于碳钢、碳锰钢和低合金钢制造的锅炉管与过热管，锅炉管与过热管应为无缝钢管或焊接管并均应进行热处理。锅炉管与过热管的力学性能与工艺性能见表 5 – 3 – 2。

表 5-3-2　锅炉管与过热管的力学性能与工艺性能

钢种	强度级/(N/mm²)	抗拉强度 R_m 不小于/(N/mm²)	屈服强度 R_{eH} 不小于/(N/mm²)	伸长率 A_5 不小于/%	压扁试验系数 C	弯曲试验弯心直径/mm	扩口或卷边试验外径扩大值/% 内径/外径 ≤0.6	 >0.6 ≤0.8	 >0.8
碳钢和碳锰钢	320	320	195	25	0.10	4t（t 为厚度）	12	15	19
	360	360	215	24	0.10		12	15	19
	410	410	235	22	0.08		10	12	17
	460	460	265	21	0.07		8	10	15
1Cr0.5Mo	440	440	275	22	0.07	4t	8	10	15
2.25Cr1Mo	410	410	135	20	0.07	4t	8	10	15
	490	490	275	16					

注：①对碳钢和碳锰钢，表中各强度级的抗拉强度范围均为 120 N/mm²。

②对合金钢，表中各强度钢管的抗拉强度范围均为 150 N/mm²。

3. 低温铁素体钢压力管

适用于设计温度低于 0 ℃的液化气体运输船的液货舱和加工处理设备用的，由碳钢、碳锰钢或镍合金钢制造的钢管。低温铁素体钢压力管的力学性能和工艺性能见表 5-3-3。

表 5-3-3　低温铁素体钢压力管的力学性能和工艺性能

钢种	强度级(N/mm²)	抗拉强度① R_m 不小于(N/mm²)	屈服强度① R_{eH} 不小于/(N/mm²)	伸长率 A_5 不小于/%	压扁试验系数 C	弯曲试验弯心直径/mm	夏比V型缺口冲击试验 试验温度/℃	 平均冲击能量② 不小于/J
碳钢	360	360	210	24	0.10	4t（t 为厚度）	③	27
碳锰钢	410	410	235	22	0.08	4t		27
	460	460	260	21	0.07			
3.5Ni	440	440	245	16	0.08	4t	-100	34
9Ni	490	490	310	15	0.08	4t	-196	41

注：①对碳钢和碳锰钢，表中各强度级钢管的抗拉强度范围均为 120 N/mm²；对镍合金钢，表中各强度级钢管的抗拉强度范围均为 150 N/mm²。

②冲击试样的冲击功，一个单值可以低于上表所规定的平均值，但应不低于该值的 70%。

③试验温度应低于设计温度 5 ℃或为 -20 ℃，取其较低者。

4. 奥氏体不锈钢压力管

适用于设计温度不低于 -165 ℃的液化气运输船和散装化学品船的货舱和加工处理设备用的奥氏体不锈钢压力管，所有钢管均应进行固溶处理。奥氏体不锈钢压力管的力学性能和工艺性能见表 5-3-4。

表 5-3-4　奥氏体不锈钢压力管的力学性能和工艺性能

牌号	统一数字代号	规定非比例延伸强度 $R_{p0.2}$ 不小于 /(N/mm²)	规定非比例延伸强度 $R_{p1.0}$ 不小于 /(N/mm²)	抗拉强度 R_m 不小于 /(N/mm²)	伸长率 A_5 不小于 /%	压扁试验系数 C	弯曲试验弯心直径
06Cr19Ni10	S30408	205	245	520-720	35	0.09	3t(t 为厚度)
022Cr19Ni10	S30403	175	205	480-680	35	0.09	3t
06Cr17Ni12Mo2	S31608	205	245	520-720	35	0.09	3t
022Cr17Ni12Mo2	S31603	175	205	480-680	35	0.09	3t
06Cr19Ni13Mo3	S31708	205	245	520-720	35	0.09	3t
022Cr19Ni13Mo3	S31703	175	205	480-680	35	0.09	3t
06Cr18Ni10Ti	S32168	205	245	520-720	35	0.09	3t
06Cr18Ni11Nb	S34778	205	245	520-720	35	0.09	3t

注:①表中各强度级钢管的抗拉强度范围均为 200 N/mm²。

②$R_{p0.2}$ 仅作参考。除另有协议外,一般不要求测定该项数据。

单元四　船用铸钢

铸钢件是由钢液直接浇注成的各种形状和尺寸的铸件。大多数形状复杂的零件都由铸造性能优良的铸铁浇注而成。例如,船用柴油机的气缸盖和曲轴、螺旋桨、尾轴管、锚链等。也有作为船体结构用的如挂舵臂、艉柱。

一般铸钢的含碳量在 0.15% ~0.6%,钢中 S,P 含量均控制 0.04% 以下。CCS《材料与焊接规范》规定船用铸钢件应采用镇静钢制成,作为焊接结构用的铸钢含碳量应小于 0.23%,非焊接结构用铸钢含碳量应小于 0.40%。铸钢具有合适的强度、塑性和韧性,综合机械性能高。由于铸钢的浇注温度很高,冷却缓慢但不均匀,所以随着铸钢件壁厚的增加,内部的气孔、疏松、晶粒粗大和偏析等加重,从而使其性能下降。铸钢件一般均需通过热处理改善组织,消除缺陷,获得适用性能。铸钢的牌号 ZG 后跟两组数字,分别表示屈服极限和强度极限值,ZG 为“铸钢”两字的汉语拼音字首。例如 ZG200-400 表示屈服强度不小于 200 N,抗拉强度不小于 400 N 的铸钢。

船用铸钢件种类繁多,本节主要介绍船体结构用铸钢。

(1)船体结构适用于碳钢或锰钢的铸钢件。铸钢件应采用下列之一的热处理:

①完全退火;

②正火;

③正火加回火,回火温度不低于 550 ℃。

(2)船体结构用铸钢化学成分、力学性能见表 5-4-1、表 5-4-2。

(3)船体重要结构的铸钢(如舵承、艉柱等),如验船师认为必要,可要求进行夏比冲击试验,如结构有冰区要求则试验温度为 0 ℃,冲击能量不低于 27 J。

铸钢的牌号 ZG 后跟两组数字,分别表示屈服极限和强度极限值,ZG 为“铸钢”两字的汉语拼音字首。例如ZG200－400表示屈服强度不小于200 N,抗拉强度不小于400 N的铸钢。

表5－4－1　船体结构用铸钢的化学成分(%)

C	Mn①	Si	S	P	残余元素②			
					Cu	Cr	Ni	Mo
0.23	1.60	0.60	0.04	0.04	0.30	0.30	0.40	0.15

注:①锰的含量不宜小于实际碳含量的3倍。

②残余元素的总含量应不大于0.80%。

③当下式计算的碳当量Ceq不超过0.41%时,则含碳量可超过0.23%的限制。

$Ceq = C + Mn/6 + Cr/5 + Mo/5 + V/5 + Ni/15 + Cu$　(%)

表5－4－2　船体结构用铸钢的力学性能

抗拉强度① R_m/(N/mm)	屈服强度 R_{eH}/(N/mm)	伸长率 A_5/%	断面收缩率 Z/%
≮400	≮200	≮25	≮40
≮440	≮220	≮22	≮30
≮480	≮240	≮20	≮27

注:①抗拉强度的上限应不超过表列要求加150 N/mm^2。

单元五　船用铸铁

一、概述

1.铸铁的成分、组织和性能特点

铸铁是含碳量>2.11%(一般为2.5%～4%),含有较多的锰、硫、磷等杂质的铁碳合金。铸铁的强度、塑性和韧性较差,不能进行锻造,但由于铸铁具有优良的铸造性能、切削加工性、减磨性及减振性,而且熔炼铸铁的工艺与设备简单、成本低廉,因此在工业生产中得到极其广泛的应用。在船舶主、辅机和汽车、拖拉机制造中,铸铁件占50%～70%,在机床等机械中,则可达60%～90%。

铸铁之所以具有一系列优越性能特点,原因有两个:一是它的含碳量较高,接近于共晶合金成分,使其熔点低,流动性好,易于铸造;二是因为含碳量和含硫量较高,使其碳大部分不再以化合状态(Fe_3C)而呈游离的石墨状态存在。石墨具有润滑作用和吸油能力,使铸铁具有良好的减磨性和切削加工性。

2.铸铁的分类

(1)根据碳在铸铁中存在的形式分类,铸铁可分为:

①白口铸铁　碳除少量溶于铁素体外,其余的都以渗碳体的形式存在于铸铁中,断口呈银白色,故称白口铸铁。这类铸铁性能硬而脆,切削加工困难,很少直接用来制造各种零件。目前,白口铸铁主要用作炼钢原料和生产可锻铸铁的毛坯。

②灰口铸铁　碳全部或大部分以片状石墨存在于铸铁中,其断面呈暗灰色,故称灰口铸铁。

③麻口铸铁　碳一部分以石墨形式存在,另一部分以自由渗碳体形式存在,断口上是黑白相间的麻点,故称麻口铸铁。这类铸铁也具有较大的脆硬性。工业上很少应用。

(2)根据铸铁中石墨形态分类,铸铁可分为:

①灰口铸铁　铸铁中石墨呈片状存在。这类铸铁的机械性能不高,但它的生产工艺简单、价格低廉,故工业上应用广泛。

②可锻铸铁　铸铁中石墨呈团絮状存在。其机械性能(特别是韧性和塑性)比灰口铸铁高。

③球墨铸铁　铸铁中石墨呈球状存在,它不仅机械性能比灰口铸铁高,而且还可以通过热处理提高其机械性能,所以它在生产中的应用日益广泛。

④蠕墨铸铁　它是20世纪70年代发展起来的一种铸铁,石墨形态介于片状与球状之间,故性能也介于灰口铸铁与球墨铸铁之间。

⑤合金铸铁　在上述四种铸铁中加入一定量的合金元素(如P,Cu,Mo,Cr,Mn,Si,Al等)而获得特殊性能的铸铁。

二、灰口铸铁

灰口铸铁常用来制造各种机器的底座、机架、工作台、机身、齿轮箱箱体、阀体及内燃机的气缸体、气缸盖等。

1.灰口铸铁的化学成分、组织和性能

目前生产中,灰口铸铁的化学成分范围一般为:碳2.7%~3.9%,硅1.1%~2.8%,锰0.5%~1.4%,磷<0.3%,硫<0.15%。

灰口铸铁的显微组织特征是呈片状的石墨分布在各种金属基体组织上。灰口铸铁具有三种不同的基体组织:铁素体基体、珠光体+铁素体基体、珠光体基体,如图5-5-1所示。

(a)　(b)　(c)

图5-5-1　灰口铸铁的显微组织

(a)铁素体灰口铸铁;(b)珠光体+铁素体灰口铸铁;(c)珠光体灰口铸铁

由于石墨的存在,使铸铁具有一系列其他优良性能:

①铸造性能良好　由于灰口铸铁接近共晶成分,不仅熔点低,流动性好,而且铸铁在凝固过程中析出质量体积较大的石墨,部分地补偿了基体的收缩,从而减小了灰口铸铁的收缩率。所以灰口铸铁能浇铸形状复杂与壁薄的铸件,如船机中的泵壳体、阀壳等。

②减磨性好　所谓减磨性是指减少配对零件被磨损的性能。石墨本身具有润滑作用,

而且当它从铸铁表面掉落后，所遗留下的孔隙具有吸附和储存润滑油的能力，所以灰口铸铁常用来制造摩擦零件。

减振性好　石墨组织疏松，铸件受力振动时，能起缓冲作用，并阻止振动的传播。灰口铸铁减振能力约为钢的10倍，故常用作承受振动的机床底座等零件。

切削加工性良好　由于石墨割裂了基体的连续性，使铸铁的切屑易脆断，并且石墨对刀具有一定润滑作用，使刀具磨损减小。

缺口敏感性较低　灰口铸铁中石墨本身就相当于很多小的缺口，致使外加缺口（如油孔、键槽、刀痕等）造成应力集中的作用相对减弱，所以铸铁具有低的缺口敏感性。

正由于灰口铸铁具有以上一系列的优良性能，而且价廉，易于获得，故在目前工业生产中，它仍然是应用最广泛的金属材料之一。

2. 灰口铸铁的牌号和用途

灰口铸铁的牌号和用途见表5－5－1。牌号中“HT”是“灰铁”二字汉语拼音的第一个字母，后面三位数字表示其最小抗拉强度值。如HT200表示最小抗拉强度为200MPa的灰口铸铁。

表5－5－1　灰口铸铁的牌号和用途

牌号	基本类型	用途举例
HT100	铁素体	适用于载荷小，对摩擦、磨损无特殊要求的零件，如盖、外罩、油盘、手轮、支架、底板、重锤等
HT150	铁素体＋珠光体	适用于承受中等应力的零件，如普通机床上的支柱、底盘齿轮箱、刀架、车身、轴承座、工作台、皮带轮等
HT200 HT250	珠光体	适用于承受大应力的重要零件，如汽车、拖拉机的汽缸体、活塞、缸套、机座、飞轮、刹车轮等
HT300 HT350	孕育铸铁	适用于承受高弯曲应力及拉应力、要求耐磨和高气密性的重要零件，如剪床、压力机等重型机床机身、机座、机架及受力较大的齿轮、凸轮、衬套，大型发动机的气缸体、缸套、气缸盖、油缸、泵体、阀体等

3. 灰口铸铁的孕育处理

为了提高灰口铸铁的机械性能，可采用增加基体中珠光体数量的方法，更重要的是改变石墨片的形态和数量。生产上常用孕育（变质）处理来达到这一目的。孕育处理就是在浇注前往铁水中加入少量孕育剂（硅铁和硅钙合金等），改变铁水的结晶条件，从而获得细珠光体基体加上细小均匀分布的片状石墨的组织。经孕育处理后的铸铁称为孕育铸铁。

孕育铸铁常用作机械性能要求较高，且截面尺寸变化较大的大型铸件，如船用柴油机气缸套、活塞环等。

三、可锻铸铁

灰口铸铁经孕育处理后，虽然其强度有所提高，但塑性、韧性仍很差。而可锻铸铁是一种优于孕育铸铁，具有较高的强度，尤其具有较高的塑性与韧性的铸铁。但是可锻铸铁实际上是不能锻造的。

1. 可锻铸铁的组织

可锻铸铁的生产过程分为两个步骤，第一步先浇注成白口铸件，第二步再经高温长时间的可锻化退火（亦称石墨化退火），使渗碳体分解出团絮状石墨。根据退火方法不同。可获得以下三种不同基体的可锻铸铁：珠光体 + 团絮状石墨的珠光体可锻铸铁；铁素体 + 团絮状石墨的铁素体可锻铸铁，断口呈灰黑色，又称黑心可锻铸铁；铁素体 + 珠光体 + 少量渗碳体 + 团絮状石墨的可锻铸铁，因断口白亮，又称白心可锻铸铁。可锻铸铁的显微组织如图 5 – 5 – 2 所示。

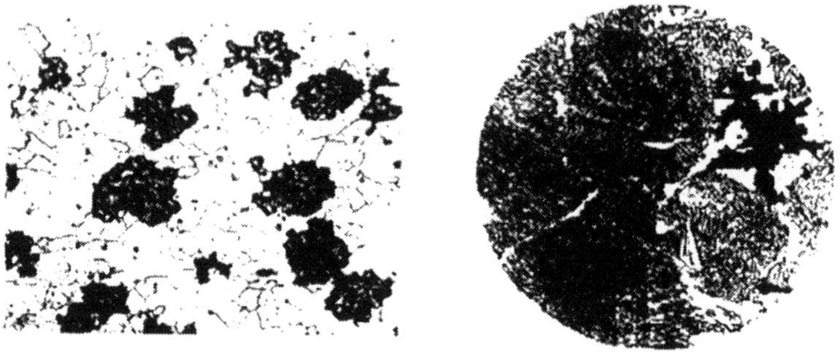

(a)　　(b)

图 5 – 5 – 2　可锻铸铁的显微组织

（a）黑心可锻铸铁；（b）珠光体可锻铸铁

2. 可锻铸铁的牌号与应用

可锻铸铁的牌号和用途见表 5 – 5 – 2。牌号中“KT”为“可铁”二字汉语拼音的首字母，其后面的 H 表示黑心可锻铸铁；Z 表示珠光体可锻铸铁；B 表示白心可锻铸铁，符号后面的两组数字分别表示其最小的抗拉强度和伸长率。如 KTH300 – 06 表示最小抗拉强度为 300 MPa、伸长率为 6% 的黑心可锻铸铁。

表 5 – 5 – 2　可锻铸铁的牌号和用途

牌号	类型	用途举例
KTH300 – 06	黑心可锻铸铁	有一定的韧性和强度，用于承受低动载荷、要求气密性好的零件，如管道配件、中低压阀门
KTH330 – 08		有一定的韧性和强度，用于承受中等动载荷和静载荷的零件，如犁刀、犁柱、车轮壳、机床用扳手及钢丝绳轧头等
KTH350 – 10		有较高的韧性和强度，用于承受较大冲击、振动及扭转载荷零件，如汽车、拖拉机的差速器、制动器等，船用电机壳
KTH370 – 12		
KTZ550 – 06	珠光体可锻铸铁	韧性低、强度大、硬度高、耐磨性好，且切削加工性好。可用来代替低、中碳钢，低合金钢及有色金属制作的承受较高载荷、耐磨和具有韧性的重要零件，如曲轴、凸轮轴、连杆、齿轮、活塞环、轴承、犁刀、万向接头、棘轮、扳手、传动链条等
KTZ550 – 04		
KTZ650 – 02		
KTZ700 – 02		

表 5-5-2(续)

牌号	类型	用途举例
KTB350-04	白心可锻铸铁	薄壁铸件具有较高韧性,非常优良的焊接性,可与钢钎焊,切削性好,生产工艺复杂、生产周期长、强度及耐磨性较差。适宜制作厚度在 15 mm 以下的薄壁铸件和焊接后不需进行热处理的零件
KTB380-12		
KTB400-05		
KTB450-07		

由于石墨呈团絮状,对基体的割裂作用大大减轻,可锻铸铁的机械性能优于灰口铸铁。生产中常用可锻铸铁制作一些截面较薄而形状较复杂、工作时受振动而强度、韧性要求较高的零件,这些零件若用灰口铸铁制造,则不能满足机械性能要求;若用铸钢制造,则因其铸造性能较差,质量不易保证。

黑心可锻铸铁强度不算高,但具有良好的塑性与韧性,常用作制造承受冲击、振动和扭转载荷的零件,如船用电机壳、船舶管系零件(水箱、接头)等;珠光体可锻铸铁塑性和韧性不及黑心可锻铸铁,但其强度、硬度和耐磨性高,常用作曲轴、连杆、齿轮、摇臂、凸轮轴等要求强度与耐磨性较好的零件。

四、球墨铸铁

球墨铸铁是在浇注前,向一定成分的铁水中加入适量的球化剂和孕育剂,获得具有球状石墨的铸铁。因此在铸铁中,球墨铸铁具有最高的机械性能。

1. 球墨铸铁的化学成分、组织和性能

球墨铸铁的化学成分为:碳 3.6% ~3.9%,硅 2.0% ~2.8%,锰 0.6% ~0.8%,磷 < 0.1%,硫 <0.07%,镁 0.03% ~0.05%,稀土元素 Re 0.02% ~0.04%。与灰口铸铁相比,其含碳、硅量高,而含锰、硫、磷量低,并且含有少量的镁及稀土元素。

球墨铸铁的组织由基体和球状石墨组成。常见的有铁素体球墨铸铁、铁素体 + 珠光体球墨铸铁、珠光体球墨铸铁,其显微组织如图 5-5-3 所示。

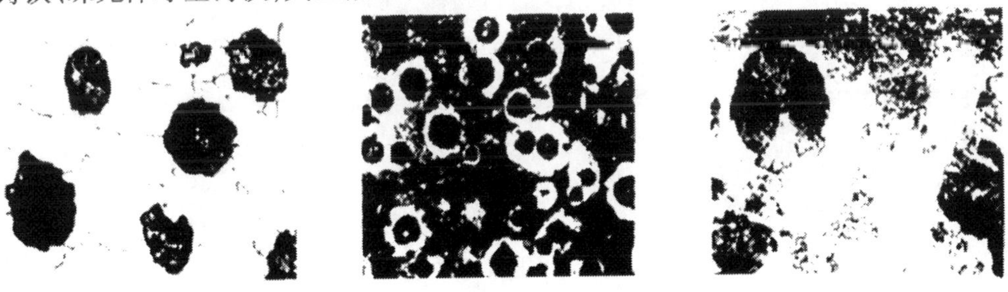

(a)　(b)　(c)

图 5-5-3　球墨铸铁的显微组织

(a)铁素体球墨铸铁;(b)珠光体 + 铁素体球墨铸铁;(c)珠光体球墨铸铁

球墨铸铁的抗拉强度、塑性、韧性不仅高于其他铸铁,而且可与相应组织的铸钢相媲美,如疲劳极限接近一般中碳钢;而冲击疲劳抗力则高于中碳钢;特别是球墨铸铁的屈强比达 0.7 ~0.8,而一般钢的屈强比为 0.35 ~0.50。由于球墨铸铁有球状石墨存在,使它具有近似于灰口铸铁的某些优良性能,如铸造性能、减磨性、切削加工性等。但球墨铸铁的过冷倾向大，易产生白口现象，而且铸件也容易产生缩松等缺陷，因而球墨铸铁的熔炼工艺和铸造工艺都比灰口铸铁要求高。

2. 球墨铸铁的牌号和用途

球墨铸铁的牌号和用途见表 5 – 5 – 3。牌号中的“QT”是“球铁”二字汉语拼音的首字母。如 QT450 – 10 表示最小抗拉强度为 450 MPa，伸长率为 10% 的球墨铸铁。

表 5 – 5 – 3　球墨铸铁的牌号和用途

牌号	类型	用途举例
QT400 – 18	铁素体	汽车、拖拉机轮毂，离合器及减速器等的壳体，高压阀门的阀体、阀盖等
QT400 – 15		
QT450 – 10		
QT500 – 7	铁素体 + 珠光体	内燃机油泵齿轮，汽轮机气缸隔板，机车的轴瓦等
QT600 – 3		柴油机和汽油机的曲轴、连杆、凸轮轴、气缸套，空压机的曲轴、缸套，球磨机齿轮及桥式起重机的大小滚轮等
QT700 – 2	珠光体	
QT800 – 3	珠光体或回火组织	
QT900 – 3	贝氏体或回火马氏体	内燃机曲轴、凸轮轴

球墨铸铁可代替碳钢、合金钢和可锻铸铁，用来制造一些受力复杂，强度、韧性和耐磨性要求高的零件。如具有高强度与耐磨性的珠光体球墨铸铁，常用来制造中、高速柴油机的曲轴、连杆等，也可用来制作气缸套、气缸体等；具有高韧性和塑性的铁素体球墨铸铁，常用来制作受压阀门、机器底座、汽车的后桥壳等。

五、蠕墨铸铁

蠕墨铸铁是近年来迅速发展起来的新型铸铁。它是在一定成分的铁水中加入适量的蠕化剂，获得的石墨形态介于片状与球状之间、形似蠕虫状石墨的铸铁。因此，它兼备灰口铸铁和球墨铸铁的某些优点，可用来代替高强度灰口铸铁、合金铸铁、铁素体球墨铸铁以及黑心可锻铸铁，故在国内外日益引起重视。

1. 蠕墨铸铁的成分

蠕墨铸铁与球墨铸铁相似，含碳、硅较高，含硫、磷较低，还含有一定量的稀土与镁。即碳 3.5% ~3.9%，硅 2.1% ~2.8%，锰 0.4% ~0.8%，硫 <0.1%，磷 <0.1%。蠕墨铸铁是在上述成分铁水中，加入适量蠕化剂进行蠕化处理后获得的。我国目前采用的蠕化剂主要有稀土镁钛合金、稀土硅铁合金、稀土钙硅铁合金等。

2. 蠕墨铸铁的牌号与应用

蠕墨铸铁中的石墨形似片状，但石墨片短而厚(一般长厚比为 2 ~ 10)，端部较钝、较圆，其显微组织如图 5 – 5 – 4 所示。

蠕墨铸铁的牌号表示方法与灰口铸铁相似。用“蠕铁”二字汉语拼音的第一个字母“RuT”表示蠕墨铸铁，后面三位数字表示其最小抗拉强度，例如，RuT420 表示最小抗拉强度为 420 MPa 的蠕墨铸铁。蠕墨铸铁的牌号和用途见表 5 – 5 – 4 所示。

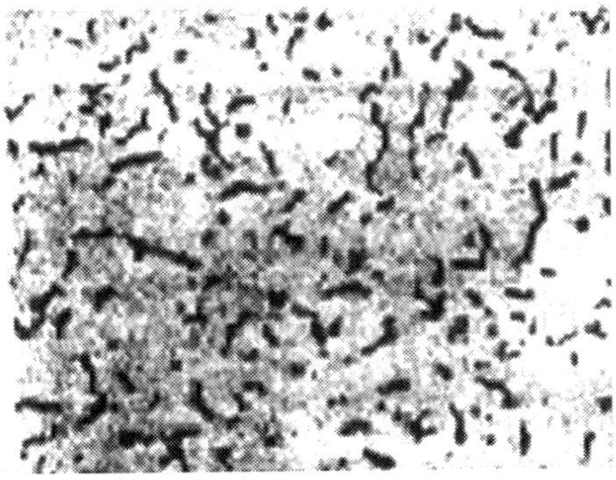

图 5－5－4　蠕墨铸铁的显微组织

表 5－5－4　蠕墨铸铁的牌号和用途

牌号	类型	用途举例
RuT420	珠光体	适用于制造要求强度或耐磨性高的零件，如气缸套、活塞环、制动盘
RuT380		
RuT340	珠光体＋铁素体	适用于制造要求较高强度、刚度和耐磨的零件，如起重机卷筒、飞轮
RuT300		适用于制造要求较高强度和承受热疲劳的零件，如气缸盖、排气管、钢锭模
RuT260	铁素体	适用于制造要求承受冲击和热疲劳的零件，如增压器废气进气壳体

蠕墨铸铁的力学性能介于相同基体组织的灰口铸铁和球墨铸铁之间。其强度、韧性、疲劳极限、耐磨性及抗热疲劳性能高于灰口铸铁，而且对断面的敏感性也较小。但塑性、韧性和强度低于球墨铸铁。蠕墨铸铁的铸造性能、减振能力以及导热性能优于球墨铸铁，并接近于灰口铸铁。因此，蠕墨铸铁已开始在生产中广泛应用，主要用来制造大功率柴油机气缸盖、气缸套，电动机外壳、机座，机床床身，钢锭模，制动器鼓轮，阀体等零件。

单元六　其他船舶设备用钢

一、锅炉及受压容器用钢

常用的锅炉及受压容器用钢主要有：360A，360B，410A，410B，460A，460B，490A，490B，1Cr0.5Mo，2.25Cr1Mo 等。

除最后两种合金钢外，其他牌号均由代表抗拉强度的数字＋代表韧性等级的字母组成。冲击韧性等级字母及含义：

A——20 ℃条件下的冲击韧性等级；

B——0 ℃条件下的冲击韧性等级。

例如:360A 表示抗拉强度为 360 MPa,20 ℃条件下的冲击韧性等级的锅炉及受压容器用钢。

二、船舶管系材料

1. 船舶管系分类

船上专门用来输送和排出工质(液体、气体)的管子及其附件称为管路。由管路、机械设备、器具和检测仪表等构成船舶管路系统,简称船舶管系,见表 5 –6 –1。

表 5 –6 –1　船舶管系分类

类型	动力系统					船舶系统							
名称	燃油管路	滑油管路	冷却管路	压缩空气管路	排气管路	舱底水系统	压载水系统	消防系统	通风系统	供水系统	制冷与空调系统	货油系统	辅助锅炉装置

船舶各管路和系统中的主要件是大量的管子。这些管子分别和空气、蒸汽、燃气、海水、淡水、燃油、滑油等工质接触。这些工质都不同程度地对管子有腐蚀作用。对管子保养不良和检查不及时,将会造成管子的腐蚀烂穿,使工质外溢。

2. 管子材料

船舶各管路的管子材料可根据表 5 –6 –2 的规定进行选择,某些特殊用途的管材亦可参考该表选用。

表 5 –6 –2　船舶各种管路的管材

<table>
<tr><th>管路</th><th>流通工质</th><th>材料</th><th>管子种类</th></tr>
<tr><td rowspan="5">蒸汽管路</td><td rowspan="4">过热蒸汽</td><td>奥氏体合金钢</td><td rowspan="5">无缝管</td></tr>
<tr><td>15CrMo</td></tr>
<tr><td>20Mn,16Mn</td></tr>
<tr><td>20</td></tr>
<tr><td>饱和蒸汽</td><td>10,20</td></tr>
<tr><td>乏汽气管路</td><td>湿蒸汽</td><td>普通碳钢</td><td>白铁管</td></tr>
<tr><td rowspan="3">蒸汽管路</td><td rowspan="3">水</td><td>20</td><td rowspan="6">无缝管</td></tr>
<tr><td>10,20</td></tr>
<tr><td rowspan="2">普通
碳钢</td></tr>
<tr><td>燃油管路</td><td rowspan="2">柴油、燃料油</td></tr>
<tr><td>高压燃油管路</td><td>10,20</td></tr>
<tr><td>滑油管路</td><td>润滑油</td><td>普通碳钢、紫铜</td></tr>
<tr><td>舱底压载管路</td><td>海水、污水</td><td>普通碳钢</td><td>白铁管</td></tr>
<tr><td>传声管路</td><td>空气</td><td>H62</td><td>无缝或有封管</td></tr>
</table>

表5－6－2(续)

管路	流通工质	材料	管子种类
输油管路	各种燃油、原油	普通碳钢	无缝管
测量、注水、排水管路	海水、淡水、污水、油		白黑铁管
二氧化碳管路	液体二氧化碳	普通碳钢	无缝管
压缩空气管路	空气		
消防管路	水		无缝管或焊接管
泡沫灭火管路	泡沫		焊接管

三、船机主要零件材料

船舶动力装置中的机器、设备和系统保证船舶正常航行。了解船舶主、辅柴油机，涡轮增压器的主要零件及螺旋桨等的工作条件、常用材料和热处理方法等对保证这些机器设备和系统的正常运转、长期安全可靠的运行，显然是非常重要的。

（一）曲轴

1. 曲轴的工作条件和对材料的要求

曲轴是柴油机最重要的零件之一。曲轴的作用是汇集柴油机各缸所做的功，并以回转运动的形式输出。因此，曲轴的质量很大程度上决定了柴油机的工作可靠性。曲轴结构如图5－6－1所示。

曲轴在工作中承受各缸交变的气体力、往复惯性力和离心力，以及由此引起的随着曲柄转角和负荷的变化而变化的弯矩及扭矩的作用。因此，曲轴内部产生由交变应力而引起的弯曲、扭转变形和振动。此外，由于曲轴形状复杂，在轴颈与曲柄臂连接部位有较大的应力集中。曲轴的各轴颈（主轴颈与曲柄销轴颈）分别与主轴承和曲柄销轴承在很高的比压下相对运动，使轴颈受到较大的摩擦和磨损，在有冲击和润滑不良的情况下尤其严重。

曲轴应具有良好的综合机械性能，即较高的强度、硬度和冲击韧性；应具有足够的疲劳强度；还应具有优良的耐磨性。

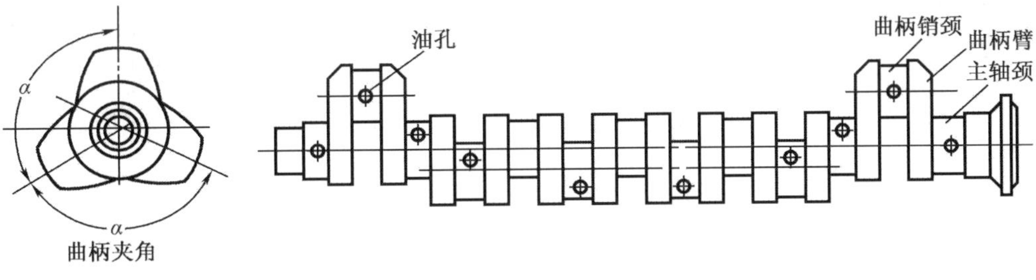

图5－6－1　曲轴结构示意图

2. 曲轴的材料及热处理

船用大型低速柴油机曲轴大多采用半组合式，其主轴颈常选用优质碳素结构钢35，40，45号钢；曲柄常选用ZG270－500，ZG310－570和ZG25MnV等铸钢；船用中、高速柴油机整体式曲轴常选用35，40，45，40Cr，45Cr，35CrMoA等优质碳钢或合金调质钢，也可采用

QT600－03和QT700－02等球墨铸铁。

根据曲轴的性能要求，材料应具有综合机械性能，即金相组织应为索氏体或回火索氏体，必须对其进行热处理。曲轴的热处理工艺因材料、尺寸和工作条件不同而异。具体要求有以下几点：

(1)碳钢曲轴锻件应经正火处理，粗加工后进行退火处理，其硬度为HBS180～240。

(2)合金钢曲轴锻件应经退火处理，粗加工后进行调质处理，其硬度为HBS207～286。对工作轴颈表面硬度要求高时，应采用表面淬火或氮化处理，硬度在HRC50以上，但轴颈圆角处则不应硬化。

(3)铸钢曲柄应进行二次正火和回火处理，或经高温扩散退火、正火及回火处理，粗加工后进行退火处理。

(4)球墨铸铁曲轴应进行正火处理，精加工前应进行退火处理，硬度为HBS220～290。工作轴颈表面要求进行高频淬火处理。

国产各类柴油机曲轴的材料和热处理要求如表5－6－3所示。

提高曲轴的耐磨性和疲劳强度，对提高曲轴的使用寿命有重要的作用。一般对曲轴轴颈表面进行以下强化处理：

①氮化处理，通常采用气体氮化、气体软氮化、离子氮化等方法。如软氮化可使碳钢曲轴弯曲疲劳强度提高60%～80%；合金钢曲轴提高20%～30%；球墨铸铁曲轴提高50%～70%。

②喷丸、滚压等表面强化方法可提高曲轴的疲劳强度。喷丸强化使曲轴整个表面得到强化，弯曲疲劳强度提高15%～25%。对过渡圆角处进行滚压强化使其产生加工硬化，从而有利于防止曲轴的疲劳断裂。圆角滚压可使钢曲轴弯曲疲劳强度提高20%～70%，使球墨铸铁曲轴提高50%～90%。

表5－6－3　国产柴油机曲轴的材料和热处理

机型系列	材料	热处理
135	前轴：QT500－05，曲柄：合金铸铁	
160	45	正火HBS200～250，轴颈表面硬化处理
200	40	正火HBS160～200
250	35	调质HBS≥217
300	35	正火HBS200～260
350	35	正火

(二)连杆

1.连杆的工作条件和对材料的要求

连杆也是柴油机的重要零件。连杆的作用是将作用于活塞上的气体力传给曲轴，将活塞的往复运动转变成曲轴的回转运动。无十字头式连杆用于四冲程中、高速筒形活塞式柴油机中，十字头式连杆用于二冲程、大型低速、十字头式柴油机中，如图5－6－2所示。

柴油机运转时，连杆受到周期性的气体力和往复惯性力作用，受到强烈冲击，连杆内部产生很大的交变拉、压应力和弯曲应力。连杆大、小端轴承分别与曲柄销、活塞销产生相对运动，到摩擦与磨损。

为了保证连杆工作的可靠性，连杆材料必须具有良好的综合机械性能，既要有较高的强度、疲劳强度和较高的冲击韧性，还要有足够的刚度。

2. 连杆的材料和热处理

船用大型低速和中速柴油机连杆一般选用35，40，45号钢及40Cr，35CrMo等。高速强载大功率柴油机多选用合金钢，如40CrNi，35CrMo，42CrMo，30CrMnMo等。连杆毛坯采用锻造、小型柴油机的连杆多采用模锻，大、中型柴油机连杆采用自由锻。

选用35，45号钢的船用大型低速二冲程柴油机的连杆，进行正火处理，粗加工后退火处理；对于采用35，45号钢的中、高速柴油机连杆则必须采用调质处理；采用40Cr，42CrMo等合金钢的较大功率中、高速柴油机连杆应进行调质处理。

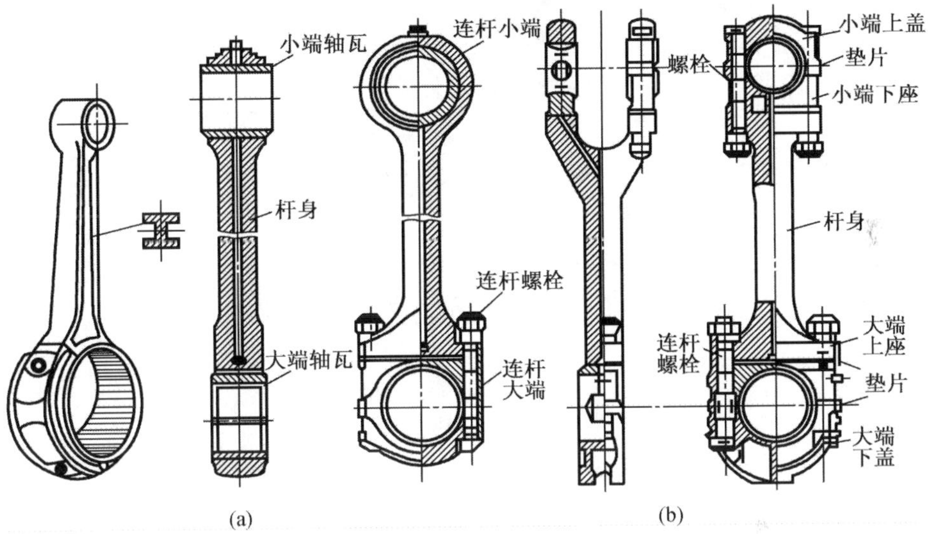

图5-6-2　连杆

(a)无十字头式连杆；(b)十字头式连杆

对于转速超过1 000 r/min的高速柴油机连杆，为了提高其疲劳强度，对连杆表面要进行抛光、喷丸或其他化学热处理等表面强化处理。

国产各类柴油机连杆的材料和热处理如表5-6-4所示。

表5-6-4　国产各类柴油机连杆的材料和热处理

机型	材料	毛坯	热处理	表面强化方法
6ESDZ70/160	35	自由锻	正火、退火	
9ESDZ75/100	45	自由锻	退火	
9ESDZ43/82B	45	自由锻	正火 HB≥159	
18V390	30CrMo		调质处理	
8350ZC	45	自由锻	正火	
6-320ZC	45	自由锻	正火	
8-300ZC	40	自由锻		

表 5－6－4(续)

机型	材料	毛坯	热处理	表面强化方法
6250GZC	40CrMnMo	模锻	调质处理	抛光
6－160A	45	自由锻	调质处理	喷丸
6135ZCA	40CR	模锻	调质处理	喷丸

(三)气缸套

1. 气缸套的工作条件及对材料的要求

气缸套是柴油机燃烧室的组成零件之一，如图 5－6－3 所示。

气缸套的内圆表面直接受到高温高压燃气的反复作用，燃气的最高温度可达2 000 ℃，最大爆发压力可达 8～14 N/mm^2；同时，内圆表面还受着活塞组件的剧烈摩擦和燃气的腐蚀；气缸套的外圆表面直接或间接受到冷却水的冷却和腐蚀；气缸套内外表面的温差引起很大的热应力，高压燃气等的作用引起相当大的机械应力。所以，气缸套的工作条件十分恶劣，是柴油机的易损件之一。

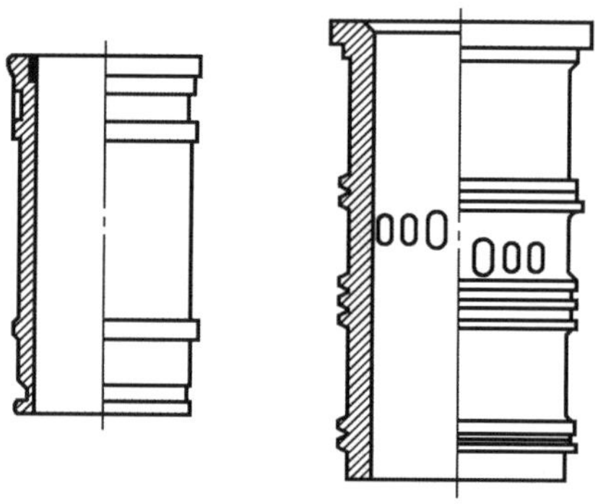

图 5－6－3　气缸套

为了使气缸套的工作可靠和使用寿命长；要求气缸套的材料应该具有较高的强度和刚度，良好的耐磨性、耐蚀性和导热性。

2. 气缸套材料及其表面处理

由于铸铁有着优良的耐磨性、铸造性和切削加工性，而且价格低廉，除高速大功率柴油机，如 12V180 轻型柴油机采用钢质气缸套外，目前国内外生产的柴油机均采用铸铁作为气缸套的材料。船用柴油机气缸套常用的铸铁材料有以下几种：

HT250，HT300 是船用柴油机气缸套经常选用的材料。气缸套内圆工作表面的硬度为 HBS 180～240，整个内圆工作表面的硬度差不超过 HBS30。大型低速柴油机和高、中速柴油机气缸套均可采用高磷铸铁；船用大、中型柴油机气缸套可采用钒钛铸铁；小型柴油机气缸套通常采用磷铬铸铁离心浇铸；中小型柴油机气缸套可采用含硼铸铁等。球墨铸铁也可用来制造柴油机气缸。国产各类柴油机气缸套的材料和热处理如表 5－6－4 所示。

表 5－6－4　国产各类柴油机气缸套的材料和热处理

机型系列	材料	热处理
135	高磷铸铁合金	HBS228～320
160	QT500－05	
200	合金铸铁 R_m >280 MPa	HBS200～230
250	合金铸铁	HBS220～250
300	HT300	HBS190～241
350	合金铸铁 R_m >280 MPa	

为了提高缸套的耐磨性和耐蚀性应对气缸套内圆表面进行强化处理：

(1)热处理表面强化。如采用高频淬火、激光淬火、电接触表面淬火、氮化及离子扩渗处理。

(2)松孔镀铬。松孔镀铬是提高耐磨性的有效方法之一，松孔镀铬的镀层具有硬度高、熔点高、摩擦因数小和耐腐蚀等特点。镀铬缸套与铸铁活塞环配合具有良好摩擦性能，可使磨损显著降低。但镀铬缸套与镀铬活塞环匹配，不仅摩擦因数大，且易发生拉缸事故。

(四)活塞

活塞是柴油机的主要运动件之一，是燃烧室的组成部分。在柴油机中起着将热能转变成机械能的作用。活塞的结构形式主要有筒形活塞、整体式或组合式活塞，如图5－6－4所示。

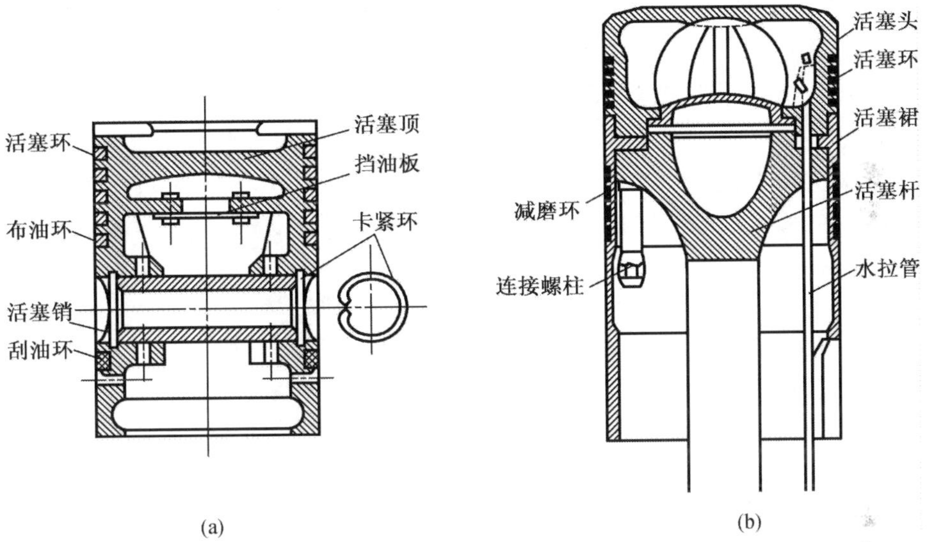

图5－6－4　活塞

(a)筒形活塞；(b)组合式活塞

1. 活塞的工作条件及对材料的要求

活塞顶部与气缸套、气缸盖组成燃烧室，直接受到高温、高压燃气和往复惯性力的作用。因此，活塞的机械负荷和热负荷均很高。活塞在往复运动中，还会产生摩擦与撞击，在润滑不良的情况下摩擦磨损更为严重。

对活塞材料的要求：

(1)具有足够的强度和硬度，较高的疲劳强度和高温工作性能。

(2)导热性好，热膨胀系数小。散热快，活塞受热变形小，减轻活塞的热负荷，保持与气缸套之间的良好配合间隙，防止敲缸、拉缸和缸套穴蚀等损坏。

(3)具有良好的耐磨性和耐腐蚀性，提高活塞使用寿命和减轻活塞顶部高温腐蚀。

(4)具有较小的比重，以减小往复惯性力。

2. 活塞的材料及热处理

船用柴油机活塞材料应根据机型的不同来选用。一般多采用铸铁、铝合金、锻钢和铸钢。国产柴油机活塞的材料及热处理如表5－6－5所示。

表 5－6－5　国产柴油机活塞的材料和热处理

机型系列	材料	热处理
135	ZL108	表面阳极氧化处理
200	合金铸铁 R_m >280 MPa	退火 HBS180～220
250	合金铸铁 R_m >280 MPa	退火 HBS220～250
300	合金铸铁 R_m >280 MPa	退火 HBS170～241
350	ZL108	淬火＋时效 HBS95～140

船用中、低速柴油机活塞材料多采用孕育铸铁 HT250，HT300 或含 Cr，Mo，Cu，Ni 等元素的合金铸铁；缸径为 100～400 mm 的中速柴油机上可用球墨铸铁活塞，常用的球墨铸铁有 QT500—2007。

船用大型低速二冲程柴油机活塞头部材料常采用 ZG230－450，ZG270－500 等铸钢和 ZG25Mo，ZG35CrMo 等合金铸钢；活塞裙部材料采用 HT250，HT300 等孕育铸铁。

中、高速柴油机活塞常用比重小、导热性好的 ZL108，ZL110 铸造铝硅合金，尤其是含硅量为 12% 的 ZL108。高速强载柴油机活塞常用 LD8，LD10 和 LD11 等锻铝材料制造。

活塞的热处理如下：

（1）铸铁活塞在粗加工后经退火处理，要求硬度为 HBS180～220。

（2）铸钢或合金铸钢活塞头部，采用正火和粗加工后退火处理。

（3）铝合金活塞应经淬火和时效处理，要求硬度为 HBS100～140。

（五）活塞销

1. 活塞销的工作条件及对活塞销材料的要求

活塞销是筒形活塞与连杆之间的连接件，它直接把活塞所受到的力传递给连杆。活塞销在工作时承受着强烈的周期性冲击和交变的弯曲负荷及剪切作用。活塞销和连杆小端轴承有相对运动，外圆表面受到较大的摩擦和磨损。

对活塞销材料的要求：具有足够强度和刚度；活塞销表面具有较高的硬度和较高的耐磨性；具有足够的冲击韧性以使活塞销能够承受冲击负荷的作用；具有较高疲劳强度。

2. 活塞销的材料和热处理

船用柴油机的活塞销材料一般选用 15，20 号低碳钢和 15Cr，20Cr，20CrMnTi 合金渗碳钢，强载柴油机常采用合金渗碳钢。

选用低碳钢和低碳合金钢作为活塞销的材料，仅能保证材料具有足够的冲击韧性，而不能满足硬度要求。为此活塞销外圆工作表面应经渗碳＋淬火＋低温回火处理。活塞销的内孔表面和两端一般不需渗碳。

国产各类船用柴油机活塞销的材料和热处理要求如表 5－6－6 所示。

表 5－6－6　国产柴油机活塞销的材料和热处理

机型系列	材料	热处理
135	20Cr	A＝1.1～1.7 mm，HBC58～64
160	20Cr	
200	20	A＝1.1～1.5 mm，HBC60～64
250	15Cr	A＝1.0～1.3 mm，HBC58～62
300	15	A＝1.2～1.6 mm，HBC54～60
350	20	A＝1.1～1.7 mm，HBC60～65

（六）活塞环

1. 活塞环的工作条件和对材料的要求

活塞环在气缸中的主要作用：紧贴在缸壁上起密封燃烧室的作用；将活塞顶部的热量传给缸壁，起散热作用；布油和刮油，控制和调节与气缸壁之间的润滑油，以保证良好的润滑。

活塞环在工作中受到高温高压燃气的作用，跟随活塞往复运动的同时，在环槽中还作往复、回转、径向和扭曲运动，不仅使活塞环外圆表面受到剧烈的摩擦，而且也使环的端面受到磨损，在润滑条件不良时则更为严重。因此，活塞环是在摩擦、腐蚀、机械应力和热应力的作用下工作，工作条件十分恶劣，致使活塞环成为易损件。活塞环使用寿命一般可达 8 000～10 000 h。

活塞环材料的要求：

（1）具有足够的强度和较高的硬度，要求低速机活塞环硬度为 HBS80～220；中、高柴油机为 HBS190～230；合金铸铁活塞环为 HBS220～250。同一活塞环的硬度差不应超过 HBS20。

（2）具有良好的耐磨性与磨合性，活塞环应较气缸套工作表面的硬度高 HBS10～20。

（3）良好的耐热性和导热性。能将活塞头部的热量迅速散出，以防活塞过热。

（4）抗腐蚀性能良好，对缸中燃烧产物所形成的高温腐蚀具有足够的抗力。

2. 活塞环的材料及表面处理

铸铁的性能较好地满足了活塞环对材料的要求，目前国内外均主要采用铸铁作为活塞环的材料有：HT250，HT300 灰铸铁，Cr－Mo，Cr－Mo－Cr 等合金铸铁及球墨铸铁。某些高速大功率柴油机还采用钢制刮油环。一般钢制油环的材料多采用共析碳钢和耐热钢等。

对活塞环外圆表面进行强化处理是提高活塞环表面耐磨性的有效途径，主要的处理方法有以下几种：

（1）镀铬　在活塞环外圆表面和端面镀铬可以提高耐磨性。第一道活塞环镀铬后，其使用寿命提高 3～5 倍，气缸套的磨损量减少一半。四冲程柴油机多在第一道活塞环外圆表面进行松孔镀铬。

（2）喷钼　活塞环表面喷涂钼使活塞环具有更高的耐磨性和抗拉缸性能。喷钼活塞环广泛用于高速大功率柴油机的第一道环上。

除此以外，采用离子碳氮共渗或激光处理活塞环表面，硬度更高，环表面的耐磨性超过镀铬活塞环。国产各类船用柴油机活塞环的材料及热处理要求，如表5-6-7所示。

表5-6-7 国产柴油机活塞环的材料和热处理

机型系列	材料	热处理
135	合金铸铁 R_m >240 MPa	HBS98~107，第一道环松孔镀铬
160	QT600-02	
200	合金铸铁 R_m >240 MPa	HBS200~240
250	合金铸铁 R_m >280 MPa	HBS200~260，第一道环松孔镀铬
300	合金铸铁 R_m >240 MPa	HBS190~241
350	合金铸铁 R_m >280 MPa	

（七）气阀

1. 气阀的工作条件及对材料的要求

气阀是柴油机换气机构中的主要零件，如图5-6-5所示。进气阀的工作温度一般为400~500 ℃，排气阀的工作温度可达650~800 ℃，排气阀还受到高温废气的冲刷和腐蚀；燃烧产物对气阀和阀座有高温腐蚀作用，特别是燃用重油时则更为严重；气阀在关闭时与阀座产生撞击和磨损；此外，气阀的阀杆与导套之间相对运动产生磨损等。

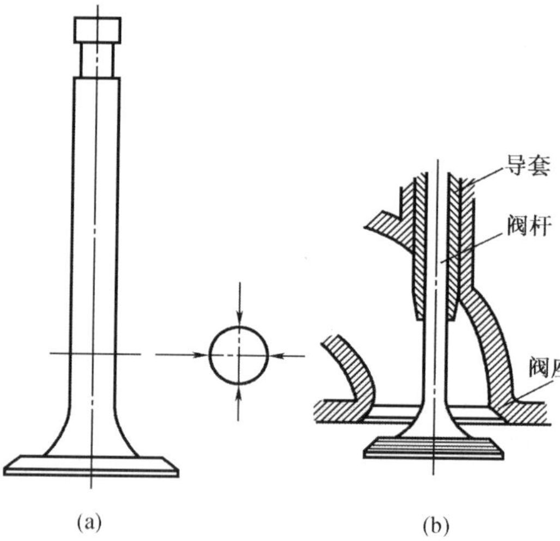

图5-6-5 气阀

（a）气阀；（b）阀箱上的阀座与导套

气阀在高温下工作，尤其排气阀的工作温度更高，要求气阀材料具有足够高的强度和热硬性；具有在高温下抗腐蚀、抗氧化的性能；具有较高的耐磨性和抗冲击载荷的性能；导热好及热膨胀系数小。

2. 气阀的材料及热处理

进气阀常用的材料有40Cr，35CrMo，40CrNi等合金调质钢，或采用气阀钢4Cr9Si2；排气阀常用的材料为气阀钢4Cr9Si2，4Cr10Si2Mo，4Cr14Ni14W2Mo等。

4Cr9Si2和4Cr10Si2Mo是铬硅钢，属于中碳高合金钢，并且是马氏体热强钢。

4Cr10Si2Mo 含少量钼，热强性更高，回火脆性减小；4Cr14Ni14W2Mo 是奥氏体热强钢，它的热强性、组织稳定性和耐磨性比 4Cr9Si2 和 4Cr10Si2Mo 更高。

4Cr9Si2 和 4Cr10Si2Mo 排气阀锻造毛坯由于出现部分马氏体，故硬度较高，达到 HRC40 以上。为了使硬度降低便于加工，在锻造后进行退火处理，最后进行调质热处理。

现代大功率柴油机热负荷较高，燃用劣质燃油时对排气阀的耐磨性、耐腐蚀性要求更高，通常在气阀阀杆顶端和阀盘上堆焊或喷焊耐热硬质合金，可显著提高气阀的寿命。近年对 4Cr14Ni14W2Mo 钢制排气阀阀杆进行加套、离子碳氮共渗处理，耐磨性大大提高。

（八）精密偶件

柴油机燃油系统中高压油泵的柱塞——套筒、出油阀——出油阀座、喷油器的针阀——针阀体是柴油机的三对极其精密的偶件，如图 5-6-6 所示。精密偶件在工作中承受高温、高压燃油的冲击和腐蚀作用，偶件的相对运动使工作表面受到严重的摩擦和磨损。

根据工作条件，要求精密偶件的材料具有足够的强度和硬度（一般≥HRC 60）；较高的耐磨性和一定的热硬性；足够的耐腐蚀性，以抵抗燃油中的酸性物质腐蚀；偶件材料的韧性好和疲劳强度高；偶件材料具有相同的线膨胀系数，以防受热咬死；偶件材料应具有稳定的金相组织，以防止运转中发生组织转变使零件产生变形，从而导致偶件咬死。

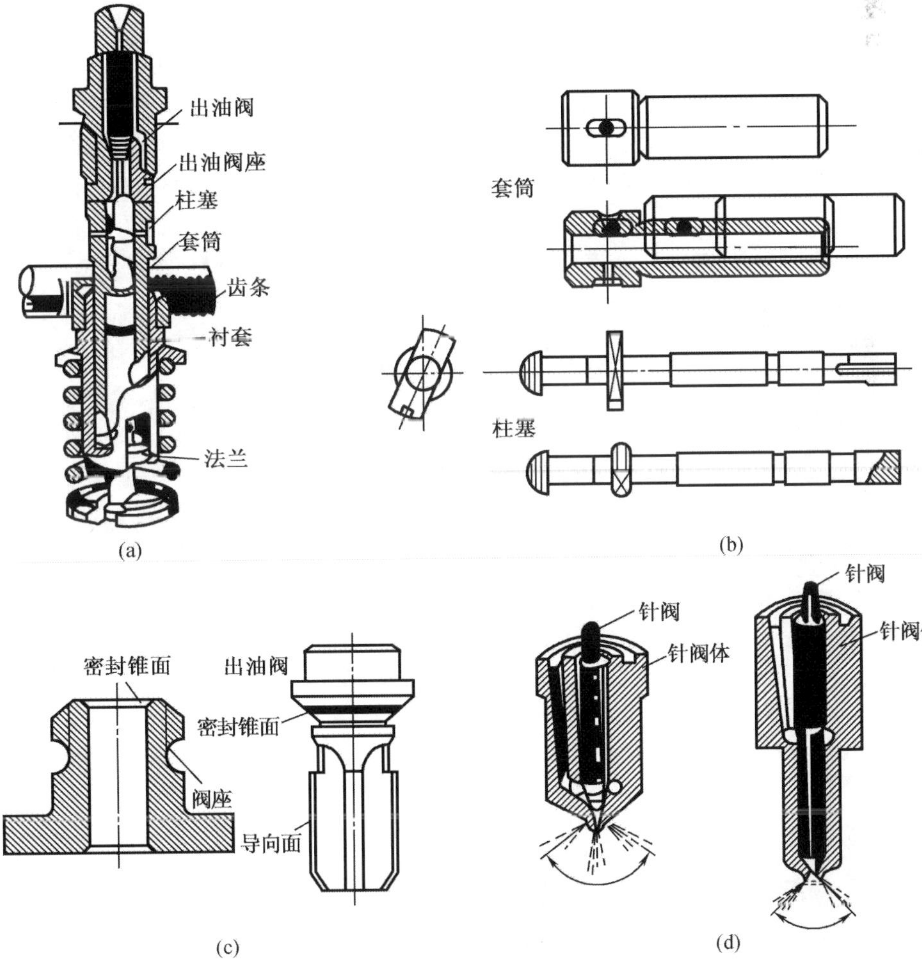

图 5-6-6　精密偶件

(a)喷油泵；(b)喷油泵中柱塞——套筒偶件；(c)喷油泵中出油阀——阀座偶件；(d)喷油泵中针阀——针阀体偶件

精密偶件常用的材料有滚珠轴承钢 GCr15、低合金工具钢 CrWMn、氮化钢 38CrMoAlA 及高速钢 W18CR4V 等。

(九)螺旋桨

1. 螺旋桨的工作条件及对材料的要求

船舶螺旋桨的作用是将主机的功率转变成推力传给船体,达到推动船舶航行的目的。螺旋桨在水下工作,不仅获得来自主机的巨大扭矩,而且与海水或河水有相对运动,受到水动力的作用,还受到海水或河水的冲刷及腐蚀。

因此,螺旋桨的材料应具有高的强度、塑性和冲击韧性;具有良好的抗穴蚀和抗腐蚀性;具有良好的铸造性和机械加工性能等。

2. 螺旋桨的材料

船用螺旋桨的材料主要是金属材料,如黄铜、青铜、铸钢和铸铁等。近年来亦采用塑料螺旋桨,如尼龙、玻璃钢等。

(1)锰黄铜　船用螺旋桨所用的锰黄铜主要有锰铁黄铜 ZCuZn41Mn3Fe1 和铝锰铁黄铜 ZCuZn24Al5Mn2Fe2。目前大型海船和军舰广泛采用这类材料的螺旋桨。由于此种材料抗穴蚀性能差,价格较高,所以不适于用作高速船的螺旋桨材料。

(2)铝青铜　用于铸造船用螺旋桨的铝青铜有 ZCuAl12Mn8Fe3Ni2 和 ZCuAl14Mn8Fe3Ni2。铝青铜有较好的机械性能和抗腐蚀性能。在铝青铜中加入适量的铁、锰、镍等元素,可以进一步提高铝青铜的强度和加工工艺性能。高锰铝青铜除具有强度高、工艺性能好及耐海水、淡水、过热蒸汽的腐蚀外,还具有疲劳强度高、抗穴蚀性能好的特点。因此,广泛用于铸造大型、高速海船和舰船的螺旋桨。

(3)铸铁　铸铁螺旋桨的常用材料有 HT200 和 HT250,其优点是铸造性好,成本低廉,但强度低、脆性大、不耐海水腐蚀,使用寿命短。一般用于主机功率小、航速低的小型内河船上。球墨铸铁螺旋桨的性能比普通灰口铸铁高,但仍不耐海水腐蚀,可用作内河船舶的螺旋桨。

(4)铸钢　由于铸钢的性能优于铸铁,因此铸钢螺旋桨也比铸铁螺旋桨应用广泛,但铸钢的铸造性和抗海水腐蚀性都差。常用于冰区和内河航行的船舶,或作为铜桨的代用品。常用的铸钢有 ZG230 - 450 和 ZG200 - 400。某些特殊用途的船舶、快速舰艇常采用不锈钢 1Cr18Ni9 制造螺旋桨,这种桨不仅强度高,且抗穴蚀、抗海水腐蚀性能好。

(5)塑料　采用塑料和复合材料制成的螺旋桨,其质量轻、振动和噪声小;冲击韧性高;抗穴蚀、抗海水及淡水腐蚀性能好;制造工艺简单,成本低廉。但是强度和刚性较低,易于老化,在浅水航道中易磨损。目前塑料螺旋桨(尼龙 6、尼龙 610、尼龙 1010 等)和复合材料螺旋桨(玻璃钢)主要用于小型船舶上。

(十)涡轮叶片

1. 涡轮叶片的工作条件及对材料的要求

涡轮叶片是涡轮增压器的重要零件之一,它装于涡轮轮盘上构成涡轮叶轮,如图 5 - 6 - 7所示,叶轮的作用是把从喷嘴喷出的高速燃气的速度能和压力能转换成机械能,实现增压器转子的高速回转运动。叶片是实现能量转换的关键零件。

柴油机废气温度一般约为 650 ℃,涡轮转速最高可达 80 000 r/min。因此,涡轮叶片在高温下承受着很高的应力，承受着高温燃气的强烈腐蚀和冲刷。这就要求在高温、高应力和高腐蚀条件下工作的叶片材料具有较高的强度、蠕变极限、疲劳强度；具有较高的耐腐蚀性能和冲击韧性；具有一定的塑性和良好的加工工艺性能，如铸造、锻压、焊接、机械加工等性能。

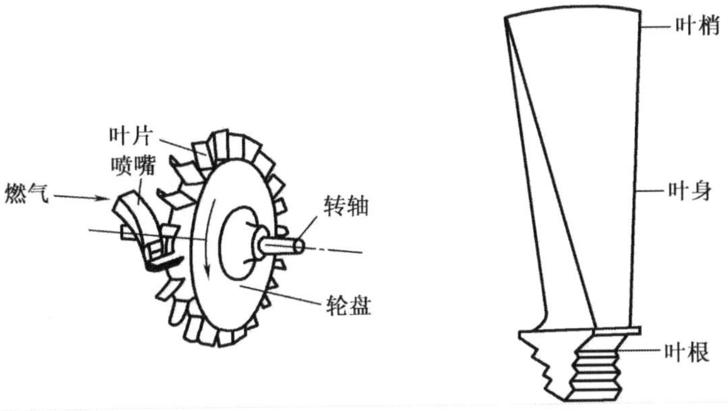

图 5－6－7　涡轮叶片

2. 涡轮叶片的材料

涡轮叶片常用的材料有 1Cr13 不锈钢、4Cr14Ni14W2Mo 奥氏体耐热钢、15Cr11MoVA 马氏体耐热钢等。1Cr13 是铬 13 型马氏体不锈钢，具有淬透性高，强度、硬度和耐磨性较高，对大气、海水、淡水等有较好的耐腐蚀性。4Cr14Ni14W2Mo 奥氏体耐热钢，具有较高的热强度。目前，国产涡轮增压器中的涡轮叶片广泛采用此类热强钢。

此外，有的涡轮增压器还采用高温合金作为涡轮叶片。

（十一）重要螺栓

1. 重要螺栓的工作条件及对材料的要求

船用柴油机的重要螺栓是指船舶动力装置中承受动载荷的连接螺栓，主要有：气缸盖螺栓、组合式活塞的连接螺栓、连杆螺栓、主轴承螺栓和贯穿螺栓等。这些螺栓既要保证机件的连接强度，又要承受动载荷的作用。受力较复杂，除承受拉力外，还承受惯性力、冲击力和振动等的周期性作用。

为保证螺栓的紧固及连接质量，保证柴油机安全可靠运转，要求螺栓材料具有以下性能：足够的强度和疲劳强度，适当的硬度；良好的塑性和韧性，良好的切削加工性能；高的淬透性和低的缺口敏感性。高温下工作的螺栓应具有耐热性能，在腐蚀介质中工作的螺栓应具有高的耐蚀性等。

2. 重要螺栓的材料及热处理

一般船用中、高速柴油机重要螺栓采用 40Cr，35CrMo 及 40CrNi 等合金钢；船用大型低速柴油机的重要螺栓多采用 40，45 号碳钢和 40Cr 合金钢。

重要螺栓均应进行调质处理，合金调质钢调质处理后硬度达到 HRC28～32，中碳钢调质后的硬度达到 HRC26～31，大型低速柴油机的贯穿螺栓和连杆螺栓等允许用正火处理代替调质处理。

【项目小结】

通过本项目的学习，使学生熟悉和了解船用各类钢种的牌号，掌握钢中各类杂质与合金元素的分布规律及其对钢材性能的影响，掌握各类常用钢材的牌号、用途、性能。

【项目训练】

1. 解释牌号：

(1) Q235 – A. F　45　ZG270 – 500　T10　T8A；

(2) 16Mn　40Cr　GCrl5　9SiCr　60Si2Mn　W18Cr4V　1Cr13　00Cr18Ni9Ti；

(3) HT350　KTH350 – 10　QT800 – 02　RuT380；

(4) 360A　410B。

2. 碳钢的分类有哪些？

3. 合金钢与碳钢相比，其性能有何优点？

4. 合金钢的分类有哪些？

5. 铸铁有哪些种类？

6. 灰口铸铁的性能特点有哪些？

7. 试述曲轴的工作条件和对材料的要求。

8. 试述气缸套的工作条件及对材料的要求。

9. 活塞材料的要求有哪些？

10. 船用螺旋桨的材料主要有哪些，各有什么特点？

项目六　船用非铁金属及其他材料

【项目简介】

本项目主要介绍非铁金属及其合金的特点及其在船舶制造中的应用,它们的种类很多,有色金属材料在船舶行业应用较多的主要有铝、铜、钛、锌及其合金等。

【参考学时】

4 ~6 学时

【知识和能力目标】

1. 深刻理解船用非铁金属的性能、特点及其在造船中的应用。
2. 深刻理解船用工程塑料的性能、特点及其在造船中的应用。
3. 能根据船舶的使用性能,分析各非铁金属以及工程塑料在造船中的应用。

【单元链接】

单元一　船用铝合金
单元二　船用铜合金
单元三　船用钛合金
单元四　船用工程塑料

单元一　船用铝合金

一、纯铝的性能特点

(1)纯铝的密度小(2.7 g/cm^3),强度很低,R_m = 80 MPa ~ 100 MPa。但塑性很好,Z = 30% ~50%。熔点为 660 ℃,结晶后具有面心立方晶格,没有同素异构转变。

(2)导电、导热性能仅次于银、铜、金而居于第四位。

(3)具有良好的抗大气腐蚀能力,在空气中铝的表面可生成致密的氧化膜,可有效地隔绝铝和氧的接触,阻止表面的进一步氧化。

根据上述特点,工业纯铝的主要用途:代替较贵重的铜制作导线、电缆;配制铝合金;制作具有导热和抗大气腐蚀性能而对强度要求不高的用具和器皿。

工业纯铝中常见的杂质是铁和硅,杂质越多,其导电性能越低,腐蚀性、塑性越差。

二、铝合金的分类及对船用铝合金性能的基本要求

铝合金:纯铝的强度较低,若在铝中加入一些元素,如铜、镁、锌、锰、硅等形成铝合金,其性能将会有很大的改善。

1. 铝合金的分类

根据铝合金的化学成分和工艺特点,可将铝合金分为变形铝合金和铸造铝合金两类。变形铝合金又可分为两类,不能热处理强化的铝合金和能热处理强化的铝合金。把热处理强化的铝合金加热到 α 相区,保温后在水中快冷,得到单相过饱和的 α 固溶体,这种处理方式称为固溶处理或淬火。铝合金状态图的一般类型如图 6-1-1 所示。

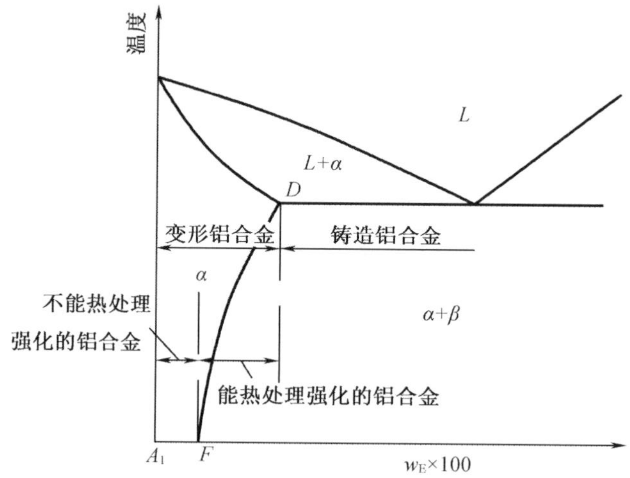

图 6-1-1 铝合金状态图的一般类型

2. 对船用铝合金性能的基本要求

(1)力学性能方面

①屈强比

保持一定差距,一般不要大于 0.8,利于半成品和零件的加工矫正工作。

②高温强度

在加热到 100 ℃之前,应保持力学性能不变,加热到 250 ℃时,屈服强度大于 60%。

③疲劳强度

平板试样的疲劳强度不小于 50 MPa,带焊缝试样的疲劳强度不小于 40 MPa。

④延伸率

不小于 10%,以适应各种加工工艺需要。

(2)抗腐蚀性能方面

应具有良好的抗腐蚀性能,特别是抗海水腐蚀性能。对高强度变形铝合金,还要求有较好抗晶间腐蚀和抗应力腐蚀性能。

(3)其他方面

热处理不可强化铝合金,应具有良好的可焊性和加工性;热处理可强化铝合金,经过一定热处理后,应具有良好的加工性,并具有在热处理中抵抗变形的能力。

3. 铝合金的时效硬化

(1)定义

固溶处理或淬火：把铝合金加热到 α 相区，保温后在水中快冷，得到单相过饱和的 α 固溶体，这种处理方式称为固溶处理或淬火。

时效硬化：在固溶处理后的合金随时间延续而发生进一步强化的现象。

回归现象：已经时效硬化的铝合金，如若需恢复其塑性，可在 230 ~ 250 ℃ 做短时间加热，然后快冷至室温，合金将重新恢复塑性，即性能恢复到淬火状态。若在室温下放置，则与新淬火合金一样，仍能进行正常的自然时效与人工时效，这种现象称为回归现象。

(2)种类

室温下进行的时效，称为自然时效。加热条件下进行的时效，称为人工时效。

图 6 －1 －2 表示铜的质量分数为 4% 的铝合金自然时效曲线。由图可见，在自然时效的最初几个小时内铝合金强度变化很小，这段时间称为孕育期。因此，铝合金在这段时间内塑性较好，极易进行铆接、弯曲等操作。随着时间的延长，铝合金的强度才逐渐显著提高。

时效硬化的效果与加热温度有关。由图 6 －1 －3 可见，时效温度越高，时效强化过程进行得越快，但所得最大强度值也越低。

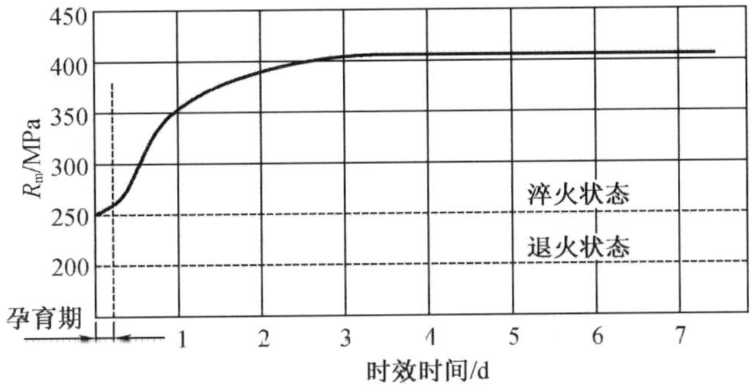

图 6 －1 －2　铝铜合金自然时效强度变化曲线

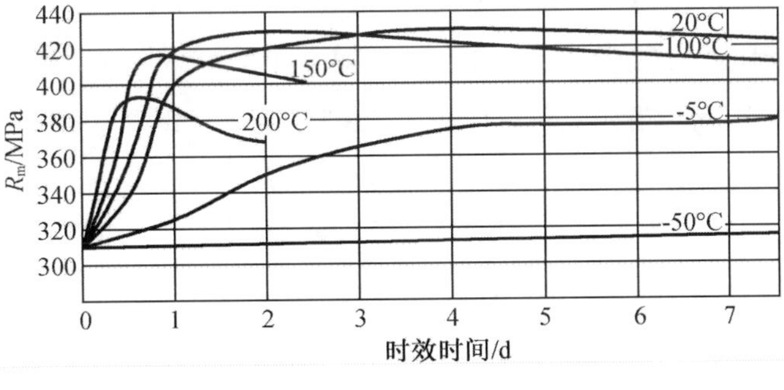

图 6 －1 －3　含 4%Cu 的铝铜合金在不同温度下的时效曲线

4. 船用变形铝合金

(1)分类

船用变形铝合金，按其化学成分与主要性能特点，分为防锈铝、硬铝、超硬铝和锻铝等四种，见表 6 －1 －1。

表 6-1-1　常用变形铝合金的牌号、化学成分、力学性能及用途(摘自 GB/T 3190—1996)

类别	牌号(旧牌号)	化学成分/%								热处理状态	热处理状态			用途举例
		Si	Fe	Cu	Mn	Mg	Zn	Ti			R_m/MPa	A/%	HB	
防锈铝合金	5A05(LF5)	0.5	0.5	0.10	0.3~0.6	4.8~5.5	0.20			退火	280	20	70	中载零件,焊接油箱,油管,铆钉等
	3A21(LF21)	0.6	0.7	0.20	1.0~1.6	0.05	0.10	0.15			130	20	30	焊接油箱,油管,铆钉等轻载零件及制品
硬铝合金	2A01(LY1)	0.50	0.50	2.2~3.0	0.20	0.2~0.5	0.10	0.15		淬火+自然时效	300	24	70	工作温度不超过 100 ℃的中强铆钉
	2A11(LY11)	0.7	0.7	3.8~4.8	0.4~0.8	0.4~0.8	0.30	0.15	Ni0.10 Fe+Ni0.7		420	18	100	中强零件,如骨架,螺旋桨叶片,铆钉
	2A12(LY12)	0.50	0.50	3.8~4.9	0.3~0.9	1.2~1.8	0.30	0.15	Ni0.10 Fe+Ni0.7		470	17	105	高强,150 ℃以下工作零件,如梁,铆钉
超硬铝合金	7A04(LC4)	0.50	0.50	1.4~2.0	0.2~0.6	1.8~2.8	5.0~7.0	0.10	Cr0.10~0.25	淬火+人工时效	600	12	150	主要受力构件,如飞机大梁,起落架
	7A09(LC9)	0.50	0.50	1.2~2.0	0.15	2.0~3.0	5.1~6.1	0.10	Cr0.16~0.30		680	7	190	同上
锻铝合金	2A50(LD5)	0.7~1.2	0.7	1.8~2.6	0.4~0.8	0.4~0.8	0.30	0.15	Ni0.10 Fe+Ni0.7	淬火+人工时效	420	13	105	形状复杂中等强度的锻件及模锻件
	2A70(LD7)	0.35	0.9~1.5	1.9~2.5	0.20	1.4~1.8	0.30	0.02~0.1	Ni0.9~1.5		415	13	120	高温下工作的复杂锻件,内燃机活塞
	2A14(LD10)	0.6~1.2	0.7	3.9~4.8	0.4~1.8	0.4~0.8	0.30	0.15	Ni0.10		480	19	135	承受高载荷的锻件和模锻件

注:①Al 为余量;② 其他元素单个含量为 0.05%,总量为 0.10%

(2)牌号

按 GB/T 16474—1996 规定,变形铝合金牌号用四位字符体系表示,牌号的第一、三、四位为数字,第二位为字母“A”。牌号中第一位数字是依主要合金元素 Cu,Mn,Si,Mg,Mg_2Si,Zn 的顺序来表示变形铝合金的组别。依其主要合金元素的排列顺序分别标示为 2,3,4,5,6,7。例如,5A50 表示以镁为主要合金元素的变形铝合金,后两位数字用以标识同一组别的不同铝合金。

(3)常用的铝合金

①防锈铝合金

Al - Mn 铝合金通过固溶强化提高铝合金的强度和抗蚀性(比纯铝好)。

Al - Mg 铝合金通过固溶强化提高铝合金的强度,尤其会使合金的密度降低,其制成品比纯铝还轻。但其对耐蚀性能有轻微损害。

防锈铝合金均属热处理不可强化的铝合金,加工硬化是其唯一的强化手段。

②硬铝合金

Al - Cu - Mg 铝合金通过时效强化提铝合金强度,但耐蚀性不高。常用于航空制造业结构件的制造,如飞机螺旋桨、叶片、隔框、蒙皮、支架、承受高负荷的铆钉等。

③超硬铝合金

Al - Zn - Mg - Cu 铝合金通过时效强化和形成的强化相,使铝合金达到最高的硬度和强度。但耐蚀性较差。主要用于制造飞机的受力构件,如飞机的起落架、大梁等。

④锻铝合金

Al - Mg - Si - Cu 铝合金具有良好的热塑性,通过固溶处理和人工时效来提高铝合金的力学性能。

由于锻铝合金的热塑性好,所以适于制造航空及仪表工业中各种形状复杂、要求比强度较高的锻件,如各种叶轮、框架或高温条件下(200 ~ 300 ℃以下)工作的零件,如内燃机的活塞及汽缸等。

5. 铸造铝合金

(1)分类

用来制作铸件的铝合金,成为铸造铝合金。铸造铝合金分为铝 - 硅系、铝 - 铜系、铝 - 镁系和铝 - 锌系四种,其中铝 - 硅系应用最广。

(2)牌号

铸造铝合金的牌号表示法如下:例如,ZAlSi7Mg;Z 汉语拼音“铸”字的第一个大写字母,Al——铝的元素符号,Si——硅的元素符号,7——硅的质量分数,Mg——镁的元素符号。

常用铸造铝合金的牌号、化学成分、力学性能及用途见表 6 - 1 - 2。

表 6－1－2　常用铸造铝合金的牌号、化学成分、力学性能及用途(摘自 GB/T 1173—1995)

类别	代号	牌号	化学成分/%				铸造方法	热处理	力学性能(不低于)			用途举例
			Si	Cu	Mg	其他			R_m/MPa	A/%	HB	
铝硅合金	ZL 102	ZAlSi12	10.0～13.0				SB J SB J	F F T2 T2	145 155 135 145	4 2 4 3	50 50 50 50	形状复杂的零件,如飞机,仪器零件,抽水机壳体
	ZL 104	ZAlSi9Mg	8.0～10.5		0.17～0.35	Mn0.2～0.5	J J	T1 T6	195 235	1.5 2	70 70	220 ℃以下形状复杂零件,如电机壳体,汽缸体
	ZL 105	ZAlSi5Cu1Mg	4.5～5.5	1.0～1.5	0.4～0.6		J S	T5 T7	235 175	0.5 1	70 65	250 ℃以下形状复杂件,汽缸头,机匣,液压泵壳
	ZL 107	ZAlSi7Cu4	6.5～7.5	3.5～4.5			SB J	T6 T6	245 275	2 2.5	90 100	强度和硬度较高的零件
	ZL 109	ZAlSi12Cu1Mg1Ni1	11.0～13.0	0.5～1.5	0.8～1.3	Ni 0.8～1.5	J J	T1 T6	195 245	0.5 –	90 100	较高温度下工作的零件,如活塞
	ZL 111	ZAlSi9Cu2Mg	8.0～10.0	1.3～1.8	0.4～0.6	Mn 0.1～0.35 Ti 0.1～0.35	SB J	T6 T6	255 315	1.5 2	90 100	活塞及高温下工作的其他零件
铝铜合金	ZL 201	ZAlCu5Mn		4.5～5.3		Mn 0.6～1.0 Ti 0.15～0.35	S S	T4 T5	295 335	8 4	70 90	温度为175～300 ℃零件,如内燃机汽缸头,活塞
	ZL 203	ZAlCu4		4.0～5.0			J J	T4 T5	205 225	6 3	60 70	中等载荷、形状比较简单的零件

表 6－1－2(续)

类别	代号	牌号	化学成分/%				铸造方法	热处理	力学性能(不低于)			用途举例
			Si	Cu	Mg	其他			R_m /MPa	A /%	HB	
铝镁合金	ZL 301	ZAlMg10			9.5～11.0		S	T4	280	9	20	大气或海水中工作，承受冲击载荷外形简单的零件，如舰船配件，氨用泵体等
	ZL 303	ZAlMg5Si1	0.8～1.3		4.5～5.5	Mn 0.1～0.4	S,J	F	145	1	55	
铝锌合金	ZL 401	ZAlZn11Si7	6.0～8.0		0.1～0.3	Zn 9.0～13.0	J	T1	245	1.5	90	结构形状复杂的汽车、飞机、仪器零件，也可制造日用品
	ZL 402	ZAlZn6Mg			0.5～0.65	Cr 0.4～0.6 Zn 5.0～6.5 Ti 0.15～0.25	J	T1	235	4	70	

注：① Al 为余量；② J——金属模；S——砂模；B——变质处理；F——铸态；T1——人工时效；T2——退火；T4——固溶处理＋自然时效；T5——固溶处理＋不完全人工时效；T6——固溶处理＋完全人工时效；T7——固溶处理＋稳定化处理

(3)铸造铝－硅合金(俗称硅铝明)

铝－硅合金一般铸造所得的组织几乎全部是粗大的共晶体，它使合金的力学性能下降，通常采用变质处理细化晶粒后，力学性能显著提高。

一般用来制造质轻、耐蚀、形状复杂但强度要求不高的铸件，如发动机汽缸、手提电动工具或风动工具，以及仪表的外壳等。同时，加入 Mg，Cu 的铝－硅合金(ZL108)，还具有较好的耐热性与耐磨性，常用于制造内燃机的活塞等。

三、铝合金的腐蚀与防腐

1. 铝及铝合金常见腐蚀形式

(1)电化学腐蚀；

(2)应力腐蚀开裂(SCC)。

铝合金的 SCC 是在 20 世纪 30 年代初发现的。金属在应力(拉应力或内应力)和腐蚀介质的联合作用下所发生的一种破坏，被称为 SCC。SCC 的特征是形成腐蚀——机械裂缝，既可以沿着晶界发展，也可以穿过晶粒扩展。由于裂缝扩展是在金属内部，会使金属结构强度大大下降，严重时会发生突然破坏。

SCC 在一定的条件下才会发生，它们是一定的拉应力或金属内部有残余应力。

2. 铝合金常用防腐措施

(1)涂层保护；

(2)牺牲阳极；

(3)阳极氧化处理。

单元二　船用铜合金

一、纯铜(又称紫铜)

铜的性能特点:密度大;导电及导热性能好;抗大气腐蚀性好;塑性高;强度低;无磁性;无打击火花;加工工艺性好等。

纯铜主要用途:制作导电材料,如电线、电缆等,还可用来配制各种合金。纯铜及其合金对于制造不允许受磁性干扰的磁学仪器,如罗盘、航空仪表和炮兵瞄准环等具有重要价值。

二、铜合金的分类及牌号表示方法

1. 分类

铜合金按化学成分可以分为黄铜、青铜和白铜三大类。

2. 牌号

黄铜:是指以锌为主要合金元素的铜合金。普通黄铜是 Cu - Zn 二元合金。在此基础上加入的其他合金元素称为特殊黄铜。

黄铜的牌号表示方法是用“黄”字的汉语拼音首位字母“H”加数字表示,数字代表含铜量。例如 H68,表示 $w(Cu)$ 约为 68%,余量为锌的普通黄铜。铸造黄铜的牌号前加字母“Z”,例如 ZCuZn38,表示锌的质量分数为 38% 的铸造黄铜。

特殊黄铜的牌号表示方法:H + 主加合金元素的化学符号 + 铜及各合金元素的名义质量分数。例如,HPb59 - 1,表示铜的名义质量分数为 59%,铅的名义质量分数为 1% 的铅黄铜。

白铜:指以镍为主要合金元素的铜合金。

青铜:除了黄铜和白铜以外的所有铜合金统称为青铜。

青铜的牌号表示方法:“青”字的汉语拼音字头“Q” + 第一个主加元素符号及其名义质量分数 + 数字(其他合金元素的名义质量分数)。铸造青铜的牌号表示方法和铸造铝合金的牌号表示方法相同。例如 ZCuSn10P1,表示锡的名义质量分数为 10%,磷的质量分数小于或等于 1.0%,余量为铜的铸造锡青铜。

三、黄铜

黄铜的性能与它的成分和组织有关。轧制退火状态的黄铜,其机械性能随着含锌量的增加而发生变化。当含锌量为 30% 时黄铜具有最大的塑性。而含锌量为 40% 时黄铜具有最大的硬度,如图 6 - 2 - 1 所示。

为了改善黄铜的性能,往往加入一些其他合金元素,如 Pb,Al,Mn,Fe,Si,Sn 和 Ni 等。这种黄铜即特殊黄铜。加入铅可以改善黄铜的切削性能;加入铝可以提高黄铜的强度、硬度和抗腐蚀性;加入锰、硅、镍等均能在一定程度下溶入铜内形成固溶液,提高合金的强度和硬度,同时改善黄铜的耐蚀性。锡黄铜在淡水及海水中均抗腐蚀,俗称“海军黄铜”,我国造船行业用来制造与海水接触的零件和高温耐蚀的冷凝管就有 HSn62 -1 和 HSn70 -1。

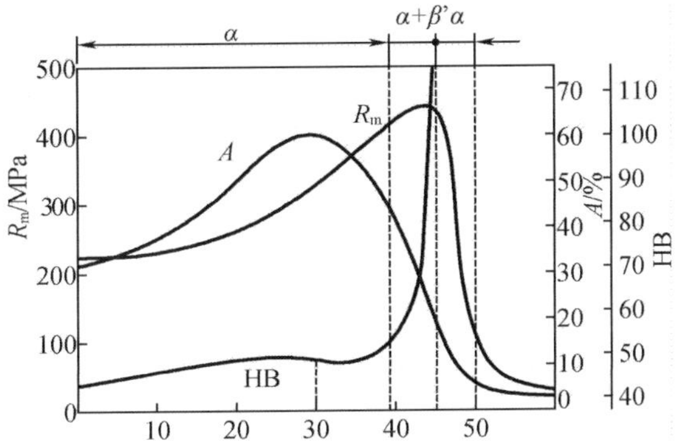

图 6 -2 -1　黄铜的性能与组成成分关系曲线

特殊黄铜分为压力加工用和铸造用两种。前者有足够的变形能力,所以加入合金元素较少。后者不要求很高的塑性,故为了提高强度和铸造性能,可以加入较多的合金元素。

我国民用船舶的中小型螺旋桨主要采用铸造锰铁黄铜(ZHMn55 -3 -1),高速小艇和大型螺旋桨采用高强度铸造铝黄铜(ZHA167 -5 -2 -2)或高锰铝青铜(ZQAl12 -8 -3 -2)。因为螺旋桨是推进船舶的重要部件,随着船舶建造向大型化和高速化发展,对制造螺旋桨的材料要求更高。

四、青铜

1. 锡青铜

除了黄铜和白铜以外的所有铜合金都称为青铜。锡青铜是以锡为主加元素的铜合金。

①力学性能与含锡量有着极为密切的关系

含锡量小于 8% 的合金,具有良好的塑性和适宜的强度,易于压力加工;含锡量大于 10% 的合金塑性差,只适合铸造。

②锡青铜的应用

锡青铜的抗腐蚀性和耐磨性都比纯铜和黄铜好,都用于制造耐磨零件,如轴套、轴瓦等。也可用来制造与酸、碱、蒸汽接触的零件。温度低于 200 ℃的蒸汽管系和阀件。

2. 特殊青铜(也称无锡青铜或特殊青铜)

在青铜中加入锡以外的其他合金元素,如 Al,Mn,Si,Pb,Fe 等元素,这种铜合金称为无锡青铜或特殊青铜。特殊青铜按主要加入元素分为铝青铜、铅青铜、锰青铜、硅青铜、铍青铜等;常用的有铝青铜、铍青铜等。

以铝为主加元素的铜合金,称为铝青铜。铝青铜可以经过热处理(淬火 + 时效)强化。铝青铜比锡青铜有更高的机械性能、耐磨性以及抗腐蚀性能。常用来铸造承受重载的耐磨件,如齿轮、蜗轮、轴承、船舶零件以及其他要求抗腐蚀、耐磨损的零件。

以铍为主加元素的铜合金,称为铍青铜。铍的密度小(1.85 g/cm^3),熔点高(1 280℃),是一种硬而脆的金属。常用铍青铜中铍的质量分数为 1.7% ~2.5%。铜里添加少量的铍,就会使合金的性能发生很大的变化。铍青铜通过淬火和时效,可以具有很高的强度(1 200 ~1 500 MPa)和硬度(350 ~400 HBS),远远超过其他所有铜合金,甚至可以和高强度的钢相媲美。与此同时,它的弹性极限、疲劳极限、耐磨性、耐蚀性也都很好,是各种性能结合得很好的一种合金。另外,它还具有导电性好、导热、耐寒、无磁、受冲击时不产生火花等一系列优点。

铍青铜在工业上用来制造重要用途的弹性元件、耐磨零件,如钟表齿轮,高温、高压、高速工作的轴承和其他重要零件,如航海罗盘、电焊机电极、防爆工具等。它的主要缺点是价格贵。

常用的镀青铜牌号有 QBe2,QBe1.5,QBe1.7 等。

单元三　船用钛合金

一、钛及钛合金的性能

1. 工业纯钛的性能

(1)密度小,比强度高:钛密度为 4.51 g/cm^3,约为钢或镍合金的一半。比强度高于铝合金及高合金钢。

(2)导热系数小:钛的导热系数小,是低碳钢的五分之一,铜的二十五分之一。

(3)无磁性,无毒:钛是无磁性金属,在很大的磁场中不被磁化,无毒且与人体组织及血液有很好的相容性。

(4)抗阻尼性能强:钛受到机械振动及电振动后,与钢、铜相比,其自身振动衰减时间最长。

(5)耐热性佳:因熔点高,使得钛被列为耐高温金属。

(6)耐低温:可在低温下保持良好的韧性及塑性,是低温容器的理想材料。

(7)吸气性能高:钛的化学性质非常活泼,在高温下容易与碳、氢、氮及氧发生反应。

(8)耐蚀性佳:在空气中或含氧的介质中,钛表面生成一层致密的、附著力强、惰性大的氧化膜,保护钛基体不被腐蚀。

纯钛性能和纯铁相似,塑性好,延伸率可达 50% ~60%,断面收缩率可达 70% ~80%,强度不太高(300 MPa)。

纯钛力学性能与纯度有关:间隙杂质(氧、氮、碳)含量增加,其强度升高,塑性陡降。

纯钛的强度随温度的升高而降低,加热到 250 ℃时抗拉强度减小一半。500 ℃以下加热时断面收缩率变化很小,而伸长率却连续下降;500 ℃以上,Z 和 A 随温度提高而增加,接近转变温度时,出现超塑性($A>100\%$)。

纯钛有很好的低温塑性,特别是间隙元素含量很低的 α 型合金适宜在低温下使用,如在火箭发动机或载人飞船上作超低温容器。

钛的疲劳性能特点与钢类似,具有比较明显的物理疲劳极限,纯钛的反复弯曲疲劳极限为 0.6 ~0.80 R_{eH},钛的疲劳性能对金属表面状态及应力集中系数比较敏感。

钛的耐热性比铁和镍低。这与钛原子自扩散系数大和存在同素异晶转变有关。钛的耐磨性较差,通过渗氮、碳、硼可提高其耐磨性。

工业纯钛可作为重要的耐蚀结构材料,用于制造化工设备,船舶用零件和化工用热交换器等。

2. 钛合金的性能

钛虽然有密度小、熔点高、抗蚀性能好等一系列特性，但工业纯钛的机械性能不高，又不能热处理强化，因而限制了在工业上的应用。在工业中广泛使用的是钛合金。

工业用钛合金主要合金元素有铬、锰、钼、钒、铁、铝和锡等；合金化的主要目的是改变 α 和 β 的同素异构转变温度，提高 α 相或 β 相的稳定性，形成稳定的固溶体或与钛形成合金，提高强度。根据合金在使用状态的组织，可将全部钛合金分为 α 型、β 型和 α + β 型三大类钛合金。

钛合金特点：

(1) 比强度、热强度高（工作温度 550 ℃以上）；

(2) 较好的低温韧性；

(3) 抗腐蚀性能好；

(4) 主要缺点是不易切削和塑性加工。

钛合金强度大，质量轻，耐热性能好，适用于船只、汽车、航空航天工业，被人们视为未来材料，新型波音 777 客机采用了约 9% 的钛合金材料。然而，钛合金的加工难度极大，如加工一个钛合金船用涡轮压缩机轮需要 50 个小时，而加工一个铝合金的同样部件仅需 5 个小时。德国布伦瑞克大学的科学家采用了一种专门热处理方法，将氢原子渗入材料，渗氢的钛合金相对软化。对软化的钛合金进行切削加工，加工设备所承受的机械和热负载明显降低，切削力仅需过去的 50%，大大降低了加工成本。加工完毕后，再经专门的热处理工序，材料的特性则回到原先状态。科学家称，该方法非常适用于大批量的钛合金铸件加工。

二、钛及钛合金的抗腐蚀性能

钛无论是在大气和海水中，还是在有一般污染的大气和海水中，或是在较高流速及较高温度的条件下，都具有优良的耐腐蚀性能。钛在大气中的腐蚀率为 2.03×10^{-4} 毫米/年，在海水中腐蚀率为 7.6×10^{-4} 毫米/年，均低于不锈钢。在流速为 42 m/s 的海水中，腐蚀率为 5×10^{-8} 毫米/年。

氧化剂可使钛的耐腐蚀性能增高。在中性溶液中加入少量硝酸或其他氧化剂，可增加钛的耐腐蚀能力。一般情况下，钛不发生孔蚀，也不发生晶间腐蚀。工业纯钛耐应力腐蚀。在非氧化性的酸类中（盐酸、稀硫酸溶液等）能溶解钛。

钯对纯钛及钛合金的耐腐蚀性能有显著的影响。在钛及钛合金中加入约 0.2% 的钯，可以大大提高钛及钛合金的耐腐蚀性能，如工业纯钛在 5% 的稀盐酸中的腐蚀速度为 25.4 毫米/年，而钯钛合金只有 0.254 毫米/年。

锆也能提高钛的抗腐蚀能力。在 60 ℃的 15% 的稀盐酸溶液中，钛的腐蚀速率比含有 5% 锆的钛合金高两倍。钛中加入钼改善钛的耐热性很显著。钛钼合金在盐酸、硫酸和磷酸中有较高的耐腐蚀性。

三、钛及钛合金在造船工业中的应用

钛是自然界中富有元素之一，占地壳总质量的 0.61%，在金属中仅仅次于铝、铁、镁。

它由于密度小、强度高、耐腐蚀、无磁性等优点，成为国防工业的重要金属材料，在飞机、导弹、火箭、宇宙飞船、深潜器和无线电通信等方面获得了广泛的应用。

钛合金在舰艇上的应用，主要有下列几个方面：

1. 深潜器方面的应用

当深潜器结构已确定时，其极限下潜深度与壳体材料的屈服强度和壳体厚度的乘积成正比。加厚壳体不可能得到很大的下潜深度，因为壳体质量增加，有效质量就会减少，而要保持有效积载质量则又会使得潜艇尺寸大到实际不便使用的程度。根据美国“阿鲁明纳”(Alhuminaut)号深潜器资料记载，该艇设计破坏深度为6 750 m，若使用屈服强度相等的钢和钛合金($R_{p0.2}$ =1 029 MPa)来制造壳体，钛台金壳体的质量大约可以减轻40%。又如阿尔文(Alvin)号探潜器，若保持壳体质量不变，使用屈服强度相等的钢和钛合金($R_{p0.2}$ = 700 MPa)。则探潜器工作深度分别为2 440 m和4 270 m，即使用钛台金代替钢，同一深潜器能够探索的海底面积可以增加80%。

2. 在高速、大型快艇方面的应用

高速、大型快艇和水翼艇的壳体，在航行中受高速海水的冲刷和较大的载荷，要求材料具有高强度和良好的抗海水腐蚀性能，为了选择航速在60节以上的快艇和水翼艇的艇体材料，美国海军工程试验站对钛合金、不锈钢等30种材料进行了试验(水速30.5 ms)，结果证明钛合金、不锈钢有良好的抗蚀能力。有关文献证明，钛合金和不锈钢在高水速时性能相近，在中等水速和低水速时钛合金优于不锈钢。综合考虑在停泊、加速和高速时的腐蚀速度条件，钛合金较好。钛合金也是水翼艇的较好水翼材料。由于钛合金还具有无磁性的特点，可以用作快艇和扫雷艇艇体的材料，它优于铝合金与钢材。

3. 其他方面的应用

用钛合金制造螺旋桨和艉轴，这不仅由于它具有高的屈强比，可以减轻质量，而且还由于它具有较高的抗疲劳腐蚀性能，可以降低空泡腐蚀速度，提高使用寿命和推进效率。此外，钛合金还用来制造耐海水腐蚀的管系、阀门、船舶动力机中的燃气轮机叶片等设备。

单元四　船用工程塑料

一、塑料的组成

绝大多数塑料都是以各种树脂为基础，再加入一些用来改善其使用性能和工艺性能的添加剂(如填料、增塑剂等)而制成。但有些塑料就是树脂木身，例如聚乙烯、聚苯乙烯和尼龙等。

塑料的主要成分如下：

(1)树脂

树脂是塑料的基料，树脂的种类、性能，以及在塑料中所占的比例，决定了塑料的基本性能。因此，绝大多数塑料都是以树脂的名称来命名的。例如聚氯乙烯塑料的树脂就是聚氯乙烯。

工业中用的树脂主要是合成树脂，如酚醛树脂、聚乙烯等，很少用松香和沥青等天然树脂。

(2)填料

在塑料中加入填料，可使塑料具有所要求的性能，且能降低塑料成本。填料的品种很多，性能各异。通常，加入木屑、石棉纤维、玻璃纤维、纸屑等作为填料，可使塑料具有较高的机械强度，例如酚醛树脂中加入木屑成为通常所说的电木，它的机械强度比纯酚醛树脂显著提高。加入高岭土、滑石粉、氧化铝、二氧化硅、石墨、铁粉、铜粉和铝粉等作为填料，可使塑料具有较高的耐热性、导热性、耐磨性、耐蚀性等。

(3)固化剂

它的作用在于通过交联使树脂具有体型网状结构，成为比较坚硬和稳定的热固性塑料。

它是热固性塑料的必要成分。例如在酚醛树脂中加入六亚甲基四胺，在环氧树脂中加入乙二胺、顺丁烯二酸酐等。

(4)增塑剂

增塑剂可用来增加树脂的可塑性、柔软性、流动性，降低脆性，改善加工性能。增塑剂应能与树脂很好混溶。同时，它还应具有无毒无害、无臭无色、不易燃烧、不易挥发和成本低等特点。常用的增塑剂有磷酸酯类化合物、甲酸酯类化合物、氯化石蜡等。

(5)稳定剂(防老剂)

稳定剂可增强塑料对光、热、氧等老化作用的抵抗力，延长塑料制品的寿命。常用的稳定剂有硬脂酸盐、铅的化合物和环氧化合物等。

(6)着色剂

在塑料中有时可用有机染料或无机颜料着色，使塑料制品具有不同的色彩，以满足使用要求。一般要求着色剂性质稳定、不易变色、染色力强、耐光性好，不与其他成分起化学反应，并与树脂有很好的相溶性。

(7)润滑剂

加入少量润滑剂是为了改善塑料加热成形时的流动性和脱模性，防止粘在模具或其他设备上。润滑剂还可使塑料制品表面光滑美观。常用的润滑剂有硬脂酸及其盐类。

塑料的添加剂除上述的以外，还有发泡剂、抗静电剂、稀释剂和阻燃剂等。并非每一种塑料都要加入全部添加剂，而是根据塑料品种和使用要求加入所需的某些添加剂。

二、塑料的分类

(1)按树脂在加热和冷却时所表现的性能，将塑料分为热塑性塑料和热固性塑料两种：

①热塑性塑料是以加聚树脂或缩聚树脂为基料，加入少量的稳定剂、润滑剂或增塑剂等而制成，其分子结构主要是链状的线型结构。这类塑料加热时软化、熔融，可塑制成一定形状的制品，冷却后变硬，再加热又可软化，塑制成另一种形状的制品，可反复重塑而其基本性能不变。此种塑料成形工艺简便，生产率高，可直接注射、挤压、吹塑成所需形状的制品，且具有一定的物理、力学性能。但耐热性和刚性都较差，最高使用温度只有 1 200 ℃左右。这类塑料主要有聚乙烯、聚丙烯、聚氯乙烯、聚苯乙烯、ABS、有机玻璃、聚甲醛、聚酰胺、聚碳酸酯、聚四氟乙烯、聚氯醚等。

②热固性塑料大多数是以缩聚树脂为基料，加入各种添加剂而制成，其分子结构为体型。这种塑料的特点是初加工时软化，可塑制成形，冷却固化后为坚硬的制品，但固化后再加热，则不再软化，不溶于溶剂中，也不会再熔融，不能再成形，温度过高则发生分解。热固性塑料抗蠕变性强，受压不易变形，耐热性较高，但树脂性能较脆，机械强度不高，成形工艺复杂，生产率低。这类塑料主要有酚醛树脂、氨基树脂、环氧树脂、有机硅树脂、不饱和聚酯树脂、聚硅醚树脂等所构成的塑料。

（2）按塑料的应用范围分为通用塑料和工程塑料。

①通用塑料是指产量大、用途广、通用性强、价格低的一类塑料。典型的品种有聚氯乙烯、聚乙烯、聚苯乙烯、聚丙烯、酚醛等。这类塑料的产量占塑料总产量的75%以上，主要用于制作生活用品、包装材料和一般零件。

②工程塑料是指塑料中力学性能良好的各种塑料。它们是制造工程结构、机器零件、工业容器和设备等的一类新型工程结构材料。

工程塑料在各种环境（如高温、低温、腐蚀、机械应力等）下均能保持优良的性能，并具有很好的强度、韧性和刚性。有些品种还有优异的耐蚀性、耐磨性、自润滑性以及尺寸稳定性等特点。

工程塑料通常是热塑性塑料。典型的品种有聚酰胺、聚甲醛、聚碳酸酯、ABS、聚砜、氯化聚醚、聚苯醚、聚酚氧等。

但是，近年来随着科学技术的迅速发展，对材料性能的要求越来越高，工程塑料产量逐年增长，应用领域不断得到开拓，致使工程塑料与通用塑料之间的界限有时难以截然划分。例如ABS以前是一种十分重要的工程塑料，但由于它的产量和应用面越来越大，因此目前已基本上被当作通用塑料。而作为典型通用塑料的聚丙烯，由于经过改性后能够具有与工程塑料相近的性能，所以目前也经常被作为工程塑料使用。

工程塑料按耐热等级分，通常把在200 ℃以上，经过1 000 h仍具有足够机械强度的品种称为耐高温工程塑料；而低于上述条件的品种则称为一般耐热性工程塑料。属于耐高温工程塑料的品种主要有聚酰亚胺、聚酰胺酰亚胺、聚四氟乙烯、聚苯并咪唑等。

按结晶性，工程塑料又可分为结晶性的和非结晶性的两类。结晶性的有聚丙烯、聚甲醛、尼龙、氟塑料和聚氯醚等。非结晶性的有ABS、聚碳酸酯、聚苯醚和聚砜等。

三、塑料的特性

（1）质轻

塑料的密度一般在0.9～2.2 g/cm^{3}左右，只有钢铁的1/8 ～ 1/4，铝的1/2左右，泡沫塑料的密度可低达0.01 g/cm^3，这对于要求尽量减轻自重的车辆、船舶、飞机、火箭、宇宙飞船等有重要的意义。

（2）比强度高

塑料的强度虽不如金属高，但由于密度小，其比强度相当高。它还可以用各种高强度的纤维、薄板或粉末进行增强，制成具有较高比强度的复合材料。例如用玻璃纤维增强的塑料，比强度比一般钢材还高，通常称之为玻璃钢。

（3）化学稳定性好

一般塑料对酸、碱、有机溶剂等，均有良好的耐蚀性。尤其是聚四氟乙烯更为突出，甚至连王水也不能腐蚀它。因此，塑料广泛应用于制造在腐蚀条件下工作的零件和化工设备。

（4）优异的电绝缘性

各种塑料的电绝缘性都很好，可与陶瓷、橡胶以及其他绝缘材料相媲美。它是电机、电器和电子工业中不可缺少的绝缘材料。常用来制作开关、插头、接线板、配电盘和电视机外壳等。

(5)减摩、耐磨性好

塑料的硬度比金属低,但减摩、耐磨性却远远优于金属。多数塑料的摩擦系数都比较小,如聚四氟乙烯和尼龙等塑料本身就具有自润滑性。因此,塑料可制作轴承、凸轮、齿轮、活塞环和密封圈等。

(6) 优良的消声吸振性

用塑料制作传动摩擦零件,可以减少噪声,降低振动,提高运转速度。

(7) 易成型加工

所有塑料的成型加工工艺都比较简单,生产率高。

(8)蠕变量大

金属材料在较高温度下才有蠕变现象。而塑料在室温下受载荷后就会出现蠕变,载荷大时甚至发生蠕变断裂,这种现象通常称为冷流。

(9)热性能低

塑料的耐热性能不高,大多数塑料只能在100 ℃左右使用,仅有少数品种可以在200 ℃以上长期使用。导热性差,约为金属的1/500。热膨胀系数很大,约为金属的3～10倍。易燃烧,易老化。

塑料的成型方法是在合成树脂制取后,再加入各种添加剂,制成粉末状、颗粒状或液态的半成品,即塑料原料,然后再进行成型加工。常见的成型加工方法有压塑成型(包括模压法和层压法)、注塑成型、挤塑成型、吹塑成型和浇塑成型等。

除上述成型方法以外,还可以用喷涂、浸渍、粘贴等工艺覆盖于其他材料表面。

四、常用工程塑料

(1)常用热塑性塑料,如表6－4－1所示。

表6－4－1　常用热塑性塑料

名称(代号)	化学组成	主要性能特点	用途举例
聚氯已烯 PVC	由单体氯乙烯聚合而成,有软、硬两种	硬质聚氯乙烯强度较高,电绝缘性优良,对酸、碱的抵抗力强,化学稳定性好,可在－15～60 ℃使用,良好的热成形性能,密度小。软质聚氯乙烯强度不如硬质,但伸长率较大,有良好的电绝缘性,可在－15～60 ℃使用	化工耐蚀的结构材料,如输油管、容器、离心泵、阀门管件,用途很广。 电线、电缆的绝缘包皮,农用薄膜,工业包装。但因有毒,故不适于包装食品
聚乙烯 (PE)	由单体乙烯聚合而成,按制造方法分成低压、中压、高压三种	低压聚乙烯质坚硬,有良好的耐磨性、耐蚀性和电绝缘性能;高压聚乙烯是聚乙烯中最年轻的一种,其化学稳定性高,有良好的高频绝缘性、柔软性、耐冲击性和透明性	低压聚乙烯用于制造塑料管、塑料板、塑料绳,还可以制造承受小载荷的齿轮、轴承等;高压聚乙烯最适宜吹塑成薄膜、软管、塑料瓶等用于食品和药品包装的制品,还可制作电线及电缆包皮等

表 6-4-1(续)

名称(代号)	化学组成	主要性能特点	用途举例
聚丙烯(PP)	由丙烯单体聚合而成	密度小,是常用塑料中最年轻的一种。强度、硬度、刚度和耐热性均优于低压聚乙烯,可在 100~120 ℃长期使用;几乎不吸水,并有较好的化学稳定性,优良的高频绝缘性,且不受湿度影响。但低温脆性大,不耐磨,易老化	制作一般机械零件,如齿轮、接头等,耐蚀件,如泵叶轮、化工管道、容器、绝缘件制作、电视机、收音机、电扇、马达罩等
聚酰胺(通称尼龙)(PA)	由二元酸和二元胺缩聚而成	无臭、无味、无毒;有较高强度和良好韧性;有一定热性,可在 100 ℃下使用。优良的耐磨性和自润滑性,摩擦系数小,良好的消声性和耐油性,能耐水、油、一般溶剂;耐蚀性较好;成型性好。但蠕变值较大,热导性较差(约为金属的 1/100),吸水性高,成型收缩率较大	常用的有尼龙 6、尼龙 66、尼龙 610、尼龙 1010 等。用于制造要求耐磨、耐蚀的某些承载和传动零件,如轴承、齿轮、螺钉、螺母及一些小型零件;还可作高压耐油密封圈,喷涂金属表面作防腐耐磨涂层
聚甲基丙烯酸甲酯(俗称有机玻璃)(PMMA)	是由单体甲基丙烯酸甲酯聚合而成	透光性好,可透过 99% 以上阳光,着色性好,有一定强度,耐紫外线及大气老化,耐腐蚀,优良的电绝缘性能,可在 -60~100 ℃使用。但质较脆,易溶于有机溶剂中,表面硬度不高,易擦伤	制作航空、仪器、仪表、汽车和无线电工业中的透明件与装饰件,如飞机座窗、灯罩、电视、雷达的屏幕、油标、油杯、设备标牌、仪表零件等
苯乙烯-丁二烯-丙烯腈共聚体(ABS)	由单体苯乙烯、丁二烯和丙烯腈共聚而成	有高的冲击韧性和较高的强度,优良的耐油、耐水性和化学稳定性,好的电绝缘性和耐寒性,高的尺寸稳定性和一定的耐磨性。但长期使用易起层	制作电话机、扩音机、电视机、仪表壳体、齿轮、泵叶轮、轴承、把手、管道、贮槽内衬、表盘、轿车车身、汽车挡泥板、扶手等
聚甲醛(POM)	由单体甲醛或三聚甲醛聚合而成	优良的综合力学性能,耐磨性好,吸水性小,尺寸稳定性高,着色性好,良好的减摩性和抗老化性,优良的电绝缘性和化学稳定性,可在 -40~100 ℃范围内长期使用。但加热易分解,成型收缩率大	制作减摩、耐磨及传动件,如轴承、滚轮、齿轮、电气绝缘件、耐蚀件及化工容器等
聚四氟乙烯(也称塑料王)(F-4)	先用氟化氢和氯仿制成氟利昂-22,高温裂解得到四氟乙烯,然后进行聚合反应而得	优良的耐蚀性,几乎能耐所有化学药品的腐蚀,包括王水;良好的耐老化性及电绝缘件,不吸水;优异的耐高、低温性,在 -195~250 ℃可长期使用;摩擦系很小,有自润滑性,但其高温下不流动,不能用热塑性塑料成型的一般方法成形,只能用类似粉末冶金的冷压、烧结成型工艺,高温时会分解出对人体有害气体,价格较高	制作耐蚀体、减摩耐磨件、密封件、绝缘件,如高频电缆、电容线圈架以及化工用的反应器、管道等

表 6-4-1(续)

名称(代号)	化学组成	主要性能特点	用途举例
聚砜(PSF)	双酚 A 型聚砜;由二酚基丙烷和 4,4′-二氯二苯基砜缩聚而成聚芳砜(非双酚 A 型聚砜),由双芳环磺酰氯与芳环在特种催化剂下,经缩聚而成	优良的耐热、耐寒、抗蠕变及尺寸稳定性,强度高,优良的电绝缘性,化学稳定性高,可在 -100 ~ 150 ℃长期使用。但耐紫外线较差,成形温度高,耐热、耐寒,可在 -240 ~ 260 ℃长期工作,硬度高、能自熄,耐老化、耐辐射,力学性能及电绝缘性都好,化学稳定性高。但不耐极性溶剂	制作高强度、耐热件、绝缘件、减摩耐磨件、传动件,如精密齿轮、凸轮、真空泵叶片、仪表壳体和罩、耐热或绝缘的仪表零件、汽车护板、仪表盘、衬垫和垫圈等
氯化聚醚(或称聚氯醚)	由单体 3.3 双(氯甲基)丁氧环在催化剂作用下,开环聚合而成	极高的耐化学腐蚀性,易于加工,可在 120 ℃下长期使用,良好的力学性能和电绝缘性,吸水性很低,尺寸稳定性好。但耐低温性较差	制作在腐蚀介质中的减摩、耐磨及传动件,精密机械零件,化工设备的衬里和涂层等

(2)常用热固性塑料,如表 6-4-2 所示。

表 6-4-2　常用热固性塑料

名称(代号)	化学组成	主要性能特点	用途举例
酚醛塑料(俗称电木)(PE)	以酚醛树脂为基础,加入各种填料、润滑剂、增塑剂等压制或浇铸而得	高的强度、硬度及耐热性,工作温度一般在 100 ℃以上,在水润滑条件下具有极小的摩擦系数,优异的电绝缘性,耐蚀性好(除强碱外),尺寸稳定性好。但质较脆、耐光性差、色泽深暗;加工性差,只能模压或浇铸	制作一般机械零件,水润滑轴承,电绝缘件,耐化学腐蚀的结构材料和衬里材料等,如仪表壳体、电器绝缘板、绝缘齿轮、整流罩、耐酸泵、刹车片等
环氧塑料(EP)	由环氧树脂和固化剂,加或不加填料或其他添加剂,在室温或加热条件下,进行浇铸或模压后,固化成形而得	强度较高,韧性较好,电绝缘优良,防水、防潮、防霉、耐热、耐寒,可在 -80 ~ 155 ℃范围内长期使用。化学稳定性较好,固化成型后收缩率小,对许多材料的黏结力强,成型工艺简便,成本较低	塑料模具、精密量具、机械仪表和电气结构零件,电气、电子元件及线圈的灌注、涂覆和包封以及修复机件等
有机硅塑料	由有机硅树脂与石棉、云母或玻璃纤维等配制而成	耐热性高,可在 180 ~ 200 ℃下长期使用,电绝缘性优良,耐高压电弧,高频绝缘性、防潮性好,有一定的耐化学腐蚀性,耐辐射、耐火焰,耐臭氧,也耐低温。但价格较贵	高频绝缘件,湿热带地区电机、电器绝缘件,电气、电子元件及线圈的灌注与固定,耐热件等

表 6-4-2(续)

名称(代号)	化学组成	主要性能特点	用途举例
聚对-羟基苯甲酸酯塑料	由于对羟基苯甲酸酯在催化剂和氮气作用下经高温缩聚而成	是一种新型的耐热性热同性工程塑料,且有突出的耐热性,可在 315 ℃下长期使用,短期使用温度范围为 317~427 ℃,导热系数极高,比一般塑料,高出 3~5 倍。很好的耐磨性和自润滑性,优良的电绝缘性、耐溶剂性和自熄性	耐磨、耐蚀及尺寸稳定的自润滑轴承,高压密封圈,汽车发动机零件,电子和电气元件以及特殊用途的纤维和薄膜等

(3)常用塑料的力学性能,如表 6-4-3 所示。

表 6-4-3 常用塑料的力学性能

塑料名称	拉伸强度 /(MN/m²)	压缩强度 /(MN/m²)	弯曲强度 /(MN/m²)	冲击韧性 /(kJ/m²)	使用温度/℃
聚乙烯	8~36	20~25	20~45	>2	-70~100
聚丙烯	40~90	40~60	30~50	5~10	-35~121
聚氯乙烯	30~60	60~90	70~110	4~11	-15~55
聚苯乙烯	≥60	—	70~80	12~16	-30~75
ABS	21~63	18~70	25~97	6~53	-40~90
聚酰胺	45~90	70~120	50~110	4~15	<100
聚甲醛	60~75	~125	~100	~6	-40~100
聚碳酸酯	55~70	~85	~100	65~75	-100~130
聚四氟乙烯	21~28	~7	11~14	~98	-180~260
聚砜	~70	~100	~105	~5	-100~150
有机玻璃	42~50	80~126	75~135	1~6	-60~100
酚醛塑料	21~56	105~245	56~84	0.05~0.82	~110
环氧塑料	56~70	84~140	105~126	~5	-80~155

五、赛龙轴承材料

赛龙是由国外引进的一种工程塑料,主要用于船舶的开式艉轴承、舵轴承和水泵轴承等。

它的摩擦系数小,耐磨性好,工作寿命相当于传统的铁梨木艉轴承的 2~3 倍,在开式艉轴承的船舶上值得推广。

六、工程塑料在船舶上的应用

工程塑料由于加工简便、造价低廉、比重小、比强度高等一系列优点,在船舶上获得了越来越多的应用,其应用技术已成为船舶与海洋工程中不可缺少的组成部分。概括地讲,推广工程塑料材料在船舶与海洋工程上应用有以下重要意义:

(1)减轻船体重量,从而提高船舶的装载量,并改进了船舶的技术性能。

(2)降低建造成本,主要表现在工程塑料加工简便,可大大提高生产率;原材料成本低,可代替很多贵重材料。

(3)延长使用寿命,工程塑料具有很好的耐腐蚀性能,对延长使用年限和减少维修次数均有好处。

(4)提高安全性和舒适性,经过特殊处理的高分子材料能够防止火灾的发生和蔓延。

此外,它还具有消声和吸震作用,为乘员的生活和工作提供舒适的环境。

目前,高分子材料在船舶与海洋工程中的应用主要有以下几方面:

(1) 制作船舶构件

玻璃钢可用来制造快艇、工作艇、救生艇的艇体、上层建筑、驾驶室、棚顶、门壁、风斗、导流罩、导流帽、螺旋桨等。

尼龙可制作导流帽、舷窗,泡沫塑料可制作舱室隔热材料、救生浮具等,用自干性浇铸型聚氨酯弹性塑料和以聚氯乙烯为主要成分的油地毡可制作舱室地板,以聚氨酯弹性塑料与核桃壳、沥青、废橡胶等配合使用可代替木制甲板,用聚氯乙烯塑料可制作扶手等。

用于船舶与海洋工程的舾装,以降低成本,缩短建造周期。例如用作绝缘、浮力材料的泡沫塑料,用于甲板覆盖的塑料地板及各种敷层,用于装饰舱室的塑料贴面板以及尼龙方窗、舷窗、导流罩、系缆索、扶手等塑料舾装件。

(2) 制作船机零件

尼龙可以制造艉轴承、舵轴承、阈盘、齿轮、滑块、滑轮、手柄等,ABS 塑料管、硬质聚氯乙烯塑料管可作为船舶常温低压管路。此外,常温工作条件下的活塞环,主、辅机中的离合器片和刹车片,主、辅机中的密封垫片等均可用塑料或以塑料为基础制成。用塑料制作船机零件节约铜、铝、铅等贵重材料。

用于制造管系、海水泵、淡水泵以及其他部件,发挥其重量轻、耐腐蚀、成本低的优点。此外,由于塑料的焊接或粘接工艺简单,易于安装,可大大减少工作量。

(3) 塑料用于防腐

①螺旋桨上涂塑料防止桨叶的穴蚀和电化学腐蚀,目前已取得一定的成果,但还存在一定不足,如耐穴蚀差、附着力不强等。

②艉轴包覆玻璃钢:对艉轴非摩擦表面采用包覆环氧玻璃钢防腐,既有良好的防腐性能,又适用于各种介质,且工艺简单,局部损坏易于修补。

③柴油机缸套冷却水侧涂塑料涂层防腐,对防止穴蚀和电化学腐蚀有一定的作用。

④舵叶防腐:舵叶上涂塑料涂层可提高舵叶抗蚀能力。

⑤水舱防腐:船舶水舱壁面采用塑料涂层防腐较原来涂薄层水泥效果好,不影响水质和可局部修理。

⑥与海水接触的机件内壁,如管子内壁、主机循环泵内壁、冷凝器及海水制淡水器内壁等极易腐蚀,采用内壁面涂塑料层可以防腐,延长机件使用寿命。

【项目小结】

本项目主要介绍非铁金属及其合金,有色金属与黑色金属相比,具有一系列特点,有的有良好的导热性和导电性,有的有优异的化学稳定性,有的比强度高。近年来,航空、航海中为减轻质量,提高运载能力和航行速度,要求材料强度高、密度小。此外,石油、化工、航海中的设备及其零件要在腐蚀介质中工作，要求材料具有良好的耐腐蚀性，所以有色金属在近代造船行业中应用广泛，特别是高强度、耐腐蚀的轻合金材料的应用，大大改善了船舶的使用性能。

【项目训练】

一、填空题

1. 非铁金属种类很多，船舶行业中应用较多的主要有________、________、________、________和________及其合金等。

2. 把铝合金加热到 α 相区，保温后在水中快冷，得到单相过饱和的 α 固溶体，这种处理方式称为________或________。

3. 船用变形铝合金，按其化学成分与主要性能特点，分为________、________、________和________四种。

4. 黄铜的性能与它的________和________有关。

5. 除了黄铜和白铜以外的所有铜合金都称为________。

6. 根据钛合金在使用状态的组织可以将钛合金分为________型、________型和________型三大类钛合金。

7. 常用的船用工程塑料有________、________和________等。

二、选择题

1. 工业上使用的纯铝不具备以下哪个特点和性能（　　）。

A. 密度小　　B. 强度高　　C. 导电、导热　　D. 抗大气腐蚀

2. 黄铜是以（　　）为主要合金元素的铜合金。

A. 铝　　B. 钛　　C. 镁　　D. 锌

3. 在黄铜中加入（　　）可以改善黄铜的切削性能。

A. 铝　　B. 铅　　C. 锰　　D. 硅

4. 下列哪种铜的抗腐蚀性能最好（　　）。

A. 纯铜　　B. 黄铜　　C. 白铜　　D. 锡青铜

5. 下列哪个不是工业纯钛性能（　　）。

A. 密度小　　B. 抗腐蚀性好　　C. 熔点高　　D. 机械性能好

三、判断题

1. 有色金属具有良好的导电性和导热性。（　　）

2. 铝合金淬火后，强度与硬度有明显提高。（　　）

3. 硬铝合金的耐蚀性较好。（　　）

4. 纯铜其强度不高，硬度很低，塑性很好，易于进行冷热加工。（　　）

5. 黄铜是黄色，青铜是青色。（　　）

6. 工业纯钛具有强烈的加工硬化效应。（　　）

7. 现代造船中用的较多的工程塑料是热性塑料。（　　）

四、综合题

1. 船用铝合金的基本要求？

2. 不同铝合金可以通过哪些途径达到强化的目的?

3. 说明钛及钛合金在造船中的应用。

4. 推行工程塑料在船舶与海洋工程中应用的意义?

项目七　综合训练

综合训练一

一、填空题(30 分,每空 1 分)

1. 根据采用的渗碳剂的不同,将渗碳分为________、________和________三种。

2. 普通灰铸铁、可锻铸铁、球墨铸铁及蠕墨铸铁中石墨的形态分别为________、________、________和________。

3. 实际金属晶体的缺陷有________、________、________。

4. 工程中常用的特殊性能钢有________、________、________。

5. 金属的断裂形式有________和________两种。

6. 按冶炼浇注时脱氧剂与脱氧程度分,碳钢分为________、________、________和________。

7. 金属元素在钢中形成的碳化物可分为________、________两类。

8. 常见的金属晶体结构有________、________和________三种。

9. 合金常见的相图有________、________、________和具有稳定化合物的二元相图。

10. 感应表面淬火的技术条件主要包括________、________及________。

二、选择题(30 分,每题 2 分)

1. 铜只有通过冷加工并经随后加热才能使晶粒细化,而铁则不需冷加工,只需加热到一定温度即使晶粒细化,其原因是(　　)。

A. 铁总是存在加工硬化,而铜没有　　B. 铜有加工硬化现象,而铁没有

C. 铁在固态下有同素异构转变,而铜没有　　D. 铁和铜的再结晶温度不同

2. 常用不锈钢有铁素体不锈钢、奥氏体不锈钢、马氏体不锈钢和(　　)。

A. 铁素体－奥氏体不锈钢　　B. 马氏体－奥氏体不锈钢

C. 莱氏体不锈钢　　D. 贝氏体不锈钢

3. 以下哪种铸铁的断口呈灰黑色？(　　)

A. 马口铁　　B. 白口铸铁　　C. 麻口铸铁　　D. 灰铸铁

4. 用于制造渗碳零件的钢称为(　　)。

A. 结构钢　　B. 合金钢　　C. 渗碳钢　　D. 工具钢

5. 马氏体组织有两种形态(　　)。

A. 板条、树状　　B. 板条、针状　　C. 树状、针状　　D. 索状、树状

6. 实际生产中,金属冷却时(　　)。

A. 理论结晶温度总是低于实际结晶温度

B. 理论结晶温度总是等于实际结晶温度

C. 理论结晶温度总是大于实际结晶温度

D. 实际结晶温度和理论结晶温度没有关系

7. 零件渗碳后，一般需经过(　　)才能达到表面硬度高而且耐磨的目的。

A. 淬火 + 低温回火　B. 正火　C. 调质　D. 淬火 + 高温回火

8. C 曲线右移使淬火临界冷却速度(　　)，淬透性(　　)。

A. 减小、增大　B. 减小、减小　C. 增大、减小　D. 增大、增大

9. 机械制造中，T10 钢常用来制造(　　)。

A. 容器　B. 刀具　C. 轴承　D. 齿轮

10. 钢经表面淬火后将获得(　　)。

A. 一定深度的马氏体　B. 全部马氏体

C. 下贝氏体　D. 上贝氏体

11. GCr15SiMn 钢的含铬量是(　　)。

A. 15%　B. 1.5%　C. 0.15%　D. 0.015%

12. 铅在常温下的变形属(　　)。

A. 冷变形　B. 弹性变形

C. 热变形　D. 既有冷变形也有热变形

13. 黄铜是以(　　)为主加元素的铜合金。

A. 铅　B. 铁　C. 锡　D. 锌

14. 在 $Fe-Fe_3C$ 和图中，奥氏体冷却到 *ES* 线时开始析出(　　)。

A. 铁素体　B. 珠光体　C. 二次渗碳体　D. 莱氏体

15. 从金属学的观点来看，冷加工和热加工是以(　　)温度为界限区分的。

A. 结晶　B. 再结晶　C. 相变　D. 25 ℃

三、名词解释(12 分，每题 3 分)

1. 加工硬化

2. 结晶

3. 稀有金属

4. 自然时效

四、简答题(20 分，每题 4 分)

1. 简述奥氏体晶粒对钢在室温下组织和性能的影响。

2. 写出下列牌号数字及文字的含义，Q235 – F，KTZ450 – 06，H68，LF5。

例如：HT100：表示灰铸铁，其最低抗拉强度为 100 MPa。

3. 轴承钢应满足哪些性能要求？

4. 试述耐磨钢的耐磨原理。

5. 简述回火的目的。

五、综述题（8 分）

用 20CrMnTi 制造汽车变速箱齿轮，要求齿面硬度 HRC58 – 60，中心硬度 HRC30 – 45，试写出加工工艺路线，并说明各热处理的作用目的。

综合训练二

一、填空题（30 分，每空 1 分）

1. 常见的金属晶格类型有________、________和________。

2. 金属的机械性能主要包括强度、硬度、塑性、韧性、疲劳强度等指标，其中衡量金属材料在静载荷下机械性能的指标有________、________、________。衡量金属材料在交变载荷和冲击载荷作用下的指标有________和________。

3. 常用的回火方法有低温回火、________和________。

4. 工程中常用的特殊性能钢有________、________、________。

5. 根据铝合金成分和工艺特点，可将铝合金分为________和________两大类。

6. 按冶炼浇注时脱氧剂与脱氧程度分，碳钢分为________、________、________和________。

7. 钢在一定条件下淬火后，获得一定深度的淬透层的能力，称为钢的淬透性。淬透层通常以工件________到________的深度来表示。

8. 冷塑性变形的内应力，按作用范围，可分为________、________、________。

9. 铸铁中________________的过程称为石墨化，影响石墨化的主要因素有________和________。

10. 根据共析钢的“C”曲线，过冷奥氏体在 A_1 温度以下等温转变的组织产物可分为三大类，即________型组织、________型组织和________型组织等。

二、选择题(30 分,每题 2 分)

1. 拉伸试验时,试样拉断前能承受的最大标拉应力称为材料的(　　)。
   A. 屈服点　　B. 抗拉强度　　C. 弹性极限　　D. 刚度
2. 金属的(　　)越好,其锻造性能就越好。
   A. 硬度　　B. 塑性　　C. 弹性　　D. 强度
3. 根据金属铝的密度,它属于(　　)。
   A. 贵金属　　B. 重金属　　C. 轻金属　　D. 稀有金属
4. 位错是一种(　　)。
   A. 线缺陷　　B. 点缺陷　　C. 面缺陷　　D. 不确定
5. 晶体中原子一定规则排列的空间几何图形称(　　)。
   A. 晶粒　　B. 晶格　　C. 晶界　　D. 晶相
6. 实际生产中,金属冷却时(　　)。
   A. 理论结晶温度总是低于实际结晶温度
   B. 理论结晶温度总是等于实际结晶温度
   C. 理论结晶温度总是大于实际结晶温度
   D. 实际结晶温度和理论结晶温度没有关系
7. 零件渗碳后,一般需经过(　　)才能达到表面硬度高而且耐磨的目的。
   A. 淬火 + 低温回火　　B. 正火　　C. 调质　　D. 淬火 + 高温回火
8. 从灰铸铁的牌号可以看出它的(　　)指标。
   A. 硬度　　B. 韧性　　C. 塑性　　D. 强度
9. 机械制造中,T10 钢常用来制造(　　)。
   A. 容器　　B. 刀具　　C. 轴承　　D. 齿轮
10. 钢经表面淬火后将获得(　　)。
    A. 一定深度的马氏体　　B. 全部马氏体
    C. 下贝氏体　　D. 上贝氏体
11. GCr15SiMn 钢的含铬量是(　　)。
    A. 15%　　B. 1.5%　　C. 0.15%　　D. 0.015%
12. 铅在常温下的变形属(　　)。
    A. 冷变形　　B. 热变形
    C. 弹性变形　　D. 既有冷变形也有热变形
13. 黄铜、青铜和白铜的分类是根据(　　)。
    A. 合金元素　　B. 密度　　C. 颜色　　D. 主加元素
14. 用于制造柴油机曲轴、减速箱齿轮及轧钢机轧辊的铸铁为(　　)。
    A. 可锻铸铁　　B. 球墨铸铁　　C. 灰口铸铁　　D. 白口铸铁
15. 从金属学的观点来看,冷加工和热加工是以(　　)温度为界限区分的。
    A. 结晶　　B. 再结晶　　C. 相变　　D. 25 ℃

三、名词解释(12 分,每题 3 分)

1. 加工硬化

2. 回复

3. 合金

4. 热处理

四、简答题(20分,每题4分)

1. 铁碳合金中基本相是哪些,其机械性能如何?

2. 写出下列牌号数字及文字的含义,Q235－F,KTZ450－06,H68,LF5。
例如:HT100:表示灰铸铁,其最低抗拉强度为100 MPa。

3. 提高零件疲劳寿命的方法有哪些?

4. 试述正火的主要应用场合。

5. 试述热变形对金属组织和性能的影响。

五、综述题(8分)

用20CrMnTi制造汽车变速箱齿轮,要求齿面硬度HRC58－60,中心硬度HRC30－45,试写出加工工艺路线,并说明各热处理的作用目的。

综合训练三

一、填空(30分,每空1分)

1. 金属的机械性能主要包括________、________、________、________、________等指标,其中衡量金属材料在静载荷下机械性能的指标有________、________、________。衡量金属材料在交变载荷和冲击载荷作用下的指标有________和________。

2. 常见的金属晶格类型有________、________和________。

3. 常用的回火方法有________、________和________。

4. 工程中常用的特殊性能钢有________、________和________。

5. 根据铝合金成分和工艺特点，可将铝合金分为________和________两大类。

6. 按冶炼浇注时脱氧剂与脱氧程度分，碳钢分为________、________、________和________。

7. 铸铁中________________的过程称为石墨化，影响石墨化的主要因素有________和冷却速度。

8. 含碳量小于________的钢为低碳钢，含碳量为________的钢为中碳钢，含碳量大于________的钢为高碳钢。

二、选择题(15 分，每题 1 分)

1. 拉伸试验时，试样拉断前能承受的最大拉应力称为材料的(　　)。
   A. 屈服点　　B. 抗拉强度　　C. 弹性极限　　D. 刚度

2. 金属的(　　)越好，其锻造性能就越好。
   A. 硬度　　B. 塑性　　C. 弹性　　D. 强度

3. 根据金属铝的密度，它属于(　　)。
   A. 贵金属　　B. 重金属　　C. 轻金属　　D. 稀有金属

4. 位错是一种(　　)。
   A. 线缺陷　　B. 点缺陷　　C. 面缺陷　　D. 不确定

5. 晶体中原子一定规则排列的空间几何图形称(　　)。
   A. 晶粒　　B. 晶格　　C. 晶界　　D. 晶相

6. 实际生产中，金属冷却时(　　)。
   A 理论结晶温度总是低于实际结晶温度
   B. 理论结晶温度总是等于实际结晶温度
   C. 理论结晶温度总是大于实际结晶温度
   D. 实际结晶温度和理论结晶温度没有关系

7. 零件渗碳后，一般需经过(　　)才能达到表面硬度高而且耐磨的目的。
   A. 淬火 + 低温回火　　B. 正火
   C. 调质　　D. 淬火 + 高温回火

8. 从灰铸铁的牌号可以看出它的(　　)指标。
   A. 硬度　　B. 韧性　　C. 塑性　　D. 强度

9. 机械制造中，T10 钢常用来制造(　　)
   A. 容器　　B. 刀具　　C. 轴承　　D. 齿轮

10. 钢经表面淬火后将获得(　　)
   A. 一定深度的马氏体　　B. 全部马氏体
   C. 下贝氏体　　D. 上贝氏体

11. GCr15SiMn 钢的含铬量是(　　)
   A. 15%　　B. 1.5%　　C. 0.15%　　D. 0.015%

12. 铅在常温下的变形属(　　)

A. 冷变形　　B. 热变形

C. 弹性变形　　D. 既有冷变形也有热变形

13. 黄铜、青铜和白铜的分类是根据(　　)

A. 合金元素　　B. 密度　　C. 颜色　　D. 主加元素

14. 用于制造柴油机曲轴、减速箱齿轮及轧钢机轧辊的铸铁为(　　)

A. 可锻铸铁　　B. 球墨铸铁　　C. 灰口铸铁　　D. 白口铸铁

15. 从金属学的观点来看,冷加工和热加工是以(　　)温度为界限区分的。

A. 结晶　　B. 再结晶　　C. 相变　　D. 25 ℃

三、名词解释(20 分,每题 4 分)

1. 加工硬化

2. 调质

3. 合金

4. 热处理

5. T12A

四、判断题(正确的打"√",错误的打"×",15 分,每题 1.5 分)

1. 使用性能是指金属材料在加工条件下所表现出来的性能。(　　)
2. 金属材料越软,越好切削加工。(　　)
3. 硅、锰是钢的有益元素,能降低钢的强度和硬度。(　　)
4. 碳素工具钢含碳量均在 0.7% 以上,都是优质钢或高级优质钢。(　　)
5. 铸造用碳钢一般用于制造形状复杂、力学性能要求较高的机械零件。(　　)
6. 45 钢可用调质进行热处理。(　　)
7. 一般要求高硬度、高耐磨的零件,可进行淬火后高温回火。(　　)
8. 渗碳零件必须用高碳钢或高碳合金钢来制造。(　　)
9. 20CrMnTi 是合金调质钢。(　　)
10. GCr15 是用于制造滚动轴承的专用钢。(　　)

五、简答题(20 分,每题 4 分)

1. 铁碳合金中基本相有哪些,其机械性能如何?

2. 写出下列牌号数字及文字的含义，Q235 – F，KTZ450 – 06，H68，530HBW5/750。

3. 提高零件疲劳寿命的方法有哪些？

4. 淬火的缺陷有哪些？

5. 根据铸铁中石墨形态的不同，铸铁可分为哪几种？每种铸铁的石墨分别以何种形式存在？

综合训练四

一、填空题（50 分，每空 1 分）

1. 所谓合金是指由________和________或者由________和________经过熔合而具有________特性的物质。

2. 传统的淬火冷却介质有________、________、________和________等。

3. 碳素钢中除铁、碳外，还常含有________、________、________、________等元素，其中________、________是有益元素，________、________是有害元素。

4. 常用的常规热处理方法有________、________、________和________。而表面热处理又可分为________和________。

5. 表面淬火的方法有________、________、________和________等。

6. 贝氏体可分为________和________。

7. 过冷度的大小与________有关，________越快，金属的实际结晶温度越________，过冷度越________。

8. 铁碳合金的基本相是________、________和________。

9. 分别写出下列铁碳合金组织的符号：铁素体________、奥氏体________、渗碳体________、珠光体________、莱氏体________。

10. 所谓金属是指由单一元素构成的具有特殊的________、________、________和________的物质，金属材料是金属及其________的总称。

11. 原子呈无序堆积状态的物体叫________，原子呈有序、有规律排列的物体称为________。一般固态金属都属于________。

12. 碳素钢是含碳量小于________而且不含有________合金元素的铁碳合金。

13. 过冷奥氏体的转变包括________、________和________等几种类型的转变。

二、选择题(不定项选择题,10 分,每题 1 分)

1. 亚共析钢冷却到 GS 线时,要从奥氏体中析出(　　)。

A. 铁素体　　B. 渗碳体　　C. 珠光体

2. 冷却转变停止后仍未转变的奥氏体称为(　　)

A. 过冷奥氏体　　B. 残余奥氏体　　C. 低温奥氏体

3. 确定碳钢淬火温度的主要依据是(　　)

A. M_s 线　　B. C 曲线　　C. Fe – Fe3C 相图

4. 渗氮用钢必须是含有(　　)等合金元素的合金钢。

A. W,Mo,V　　B. Al,Cr,Mo　　C. Si,Mn,S

5. 铁碳合金相图上的共晶线是(　　)

A. *ACD*　　B. *ECF*　　C. *PSK*　　D. *GS*

6. 过冷奥氏体是指冷却到(　　)温度以下,仍未转变的奥氏体:

A. M_s　　B. M_f　　C. Ar_1　　D. M_{s1}

7. 冷却转变停止后仍未转变的奥氏体称为(　　)

A. 过冷奥氏体　　B. 残余奥氏体　　C. 低温奥氏体

8. 合金发生固溶强化的主要原因是(　　)

A. 晶格类型发生了变化　　B. 晶粒细化　　C. 晶格发生了畸变

9. 下列牌号中,属于工具钢的有(　　)

A. 20　　B. 65Mn　　C. T10A　　D. Q235AF

10. 铁碳合金相图上的共析线是(　　)

A. *ACD*　　B. *ECF*　　C. *PSK*　　D. *GS*

三、判断题(正确的打“√”,错误的打“×”,10 分,每题 1 分)

1. 奥氏体向铁素体的转变是铁发生同素异构转变的结果。(　　)
2. 在去应力退火过程中,钢的组织不发生变化。(　　)
3. Mn,Si 是钢中的有益元素。(　　)
4. 冷却转变停止后仍未转变的奥氏体称为残余奥氏体。(　　)
5. 钢的晶粒因过热而粗化时,就有变脆倾向。(　　)
6. 一般来说,硬度高的材料其强度也较高。(　　)
7. S 是钢中的有益元素,它能使钢的脆性降低。(　　)
8. 固溶体的晶格类型与其溶剂的晶格类型不同。(　　)
9. 金属化合物一般不具有复杂的晶体结构。(　　)
10. 淬透性好的钢,淬火后硬度一定很高。(　　)

四、问答题(30 分)

1. 什么是淬透性,什么是淬硬性?(5 分)

2. 什么是淬火,有哪些常用方法?(5 分)

3. 绘出简化后的 Fe－Fe3C 相图。（10 分）

4. 钢在热处理时加热的目的是什么，钢在加热时的奥氏体化过程分为哪几步？（5 分）

5. 按含碳量划分铁碳合金可分为哪几种？（5 分）

参 考 文 献

[1] CCS(中国船级社).材料与焊接规范—2009[S].北京:人民交通出版社,2009.

[2] 中华人民共和国质量监督检验检疫总局,中国国家标准化管理委员会.金属力学性能试验出版标准中的符号及定义(GB/T24182—2009)[S].北京:中国标准出版社,2009.

[3] 陈兰芬.机械工程材料与热加工工艺[M].北京:机械工业出版社,1998.

[4] 李天培.工程材料与热处理[M].哈尔滨:哈尔滨工程大学出版社,2011.

[5] 鲁云.先进复合材料[M].北京:机械工业出版社,2003.

[6] 王贵斗.金属材料与热处理[M].北京:机械工业出版社,2008.

[7] 丁建生.金属学与热处理[M].北京:机械工业出版社,2003.